BALONCESTO PARA EDUCAR

Ángel González Jareño

Título original: *Baloncesto para educar*

Primera edición: Marzo 2018
© 2018 Editorial Kolima, Madrid
www.editorialkolima.com

Autor: Ángel González Jareño
Dirección editorial: Marta Prieto Asirón
Maquetación de cubierta: Sergio Santos Palmero
Maquetación: Carolina Hernández Alarcón
Colaboradores: Mario Sánchez Castro

ISBN: 978-84-16994-73-1
Depósito legal: M-7126-2018
Impreso en España

A mis padres, que me lo dieron todo y con los que tengo una deuda eterna.

A cada uno de mis jugadores, que me hicieron crecer como entrenador y como persona.

A los entrenadores, con los que compartí banquillo y que tanto me enseñaron.

A mi mujer, que ha sufrido como nadie mis ausencias durante la elaboración de este libro.

ÍNDICE

PREFACIO

Al leer este libro que ha escrito Ángel he rememorado muchos momentos muy bonitos e intensos de mi vida. El deporte y el baloncesto han sido para mí, no solo un simple pasatiempo, sino una manera de vivir y una escuela de vida durante veintiséis años.

Al ver todos los valores de los que habla Ángel que el deporte en general, y el baloncesto en concreto, puede transmitir en las distintas edades, he revivido todo mi proceso desde que era un niño hasta llegar a ser profesional. En mi vida he experimentado ese desarrollo físico que moldea tu cuerpo, el aprendizaje técnico y táctico que alimenta tu mente y la relación con tus compañeros y entrenadores que supone un enorme soporte que te ayuda a crecer en el plano afectivo y emocional.

Pero el deporte va más allá todavía, abarcando la dimensión espiritual de la persona. A través de la autoconciencia, el autoconocimiento y la auto-trascendencia, la actividad deportiva potencia el crecimiento interior del individuo.

Es por ello que el deporte representa una experiencia integral e integradora que altera y modifica todas las dimensiones del ser humano.

Dicho esto, toda esa extraordinaria riqueza solo se convierte en algo tangible y efectivo cuando es transmitida de la manera adecuada. Y ¿por qué esto no sucede? Por falta de conciencia. Es por ello que cualquier madre o padre, profesor de Educación Física o entrenador deben ser conscientes del enorme impacto que tiene el deporte en la vida de una persona y en la sociedad. Esta toma de conciencia los llevará a querer tener el suficiente conocimiento y a comprometerse con el propósito de querer transmitirlo a sus hijos, alumnos y jugadores. Solo así el deporte pasará de ser mera diversión y ejercicio físico a convertirse en educación, formación, crecimiento y transformación personal y social.

Lo más maravilloso de este libro es que todo lo que dice Ángel no son solo palabras bonitas ni utopías, sino algo real y absolutamente posible. Solo hace falta creer en ello y vivir comprometido con llevarlo a cabo. Puedo confirmarlo porque Ángel encarnó para mí esa figura de entrenador-formador durante todos los años que me entrenó, enseñándome, no solo todo su conocimiento técnico y táctico del baloncesto, sino transmitiéndome e inculcándome a mí y a todos mis compañeros todos los valores de los que habla en este libro. Esa transmisión me ha acompañado no solo durante mi etapa adolescente y profesional como jugador de baloncesto, sino que me sigue acompañando cada día de mi vida, siendo el recuerdo más bonito y el tesoro más preciado que guardo a día de hoy de mi etapa como deportista. Han pasado los años; los títulos, la calidad como jugador que uno tuviera y los reconocimientos personales se quedan en el olvido y perdura la persona en la que uno se ha convertido gracias a todos esos valores que un entrenador le transmitió cuando era todavía un niño.

El deporte es un regalo de la vida, pero se necesitan personas con la conciencia, la pasión, el conocimiento y el propósito de Ángel para que ese regalo sea entregado a la sociedad. A mí me lo entregó hace mucho tiempo.

Espero y deseo que con este libro sea capaz de hacer llegar ese regalo a muchos más niños, padres, profesores y entrenadores, para lograr de ese modo hacer mejores personas y una mejor sociedad en la que vivir.

Ismael Santos

Ex campeón de Europa y ex capitán del
Real Madrid de Baloncesto

Abordo una serie de párrafos –después de que Ángel me haya entregado su obra solicitando un prólogo a la misma– y sin poder ni querer evitarlo me sumerjo en mi infancia, en todos aquellos momentos de imborrable felicidad que me produjo la convivencia, prácticamente diaria, con el baloncesto.

La primera vez que vi a Ángel entrenando fue en un colegio de Madrid; entrenaba a un equipo de una categoría inferior en la que yo competía y estaban disputando un partido en la misma cancha en la cual mi equipo jugaría posteriormente. Todavía recuerdo la sensación que me produjo ver a un grupo de niños jugar de una manera tan sencilla, por conceptos... sin necesariamente poseer un talento exagerado pero, por el contrario, dotados de un gran conocimiento del juego para su edad. Irremediablemente focalicé mi atención en el entrenador; aquello que estaba observando claramente nacía de las indicaciones de un buen pedagogo, de un entrenador que era capaz de haber transmitido a chavales tan jóvenes los conocimientos necesarios para entender el juego y poder disfrutarlo.

Años más tardes tendría la oportunidad de padecer personalmente esa tutela al incorporarme a los cadetes del Real Madrid donde Ángel y mi anterior entrenador en Canoe, Álex, eran los técnicos encargados del equipo.

Mis padres, al amparo de su pasado como profesores y con una clara influencia zen, me decían que la «verdadera enseñanza no se puede enseñar» y, sin embargo, este libro me retrocede a esa época en la cual dicha aseveración estuvo muy cerca de ser contrariada.

No se me ocurriría nunca a mi edad renegar de las enseñanzas paternas; no obstante, en esos años de aprendizaje con Ángel uno se da cuenta de la maravillosa educación deportiva que le fue inculcada y, por ende, de la verdadera importancia que tienen los buenos maestros, los educadores en nuestra formación.

¿Cómo transformar entrenamientos repletos de ejercicios duros y exhaustivos, que requieren un esfuerzo considerable, en momentos de absoluta plenitud, de goce colectivo con tus amigos y enmarcados en un proceso de mejora personal?

Quizás esa la clave de todo buen maestro y Ángel lo era, y lo es, pues a través su libro me hace revivir las claves de mi desarrollo baloncestístico y personal, me traslada a ese lugar donde el conocimiento y el aprendizaje venían escondidos tras la diversión, agazapados en el tiempo para mostrarse cuando eran necesarios.

Este libro resulta alentador para aquellos que creemos que el deporte es una herramienta fundamental en el desarrollo holístico e integral del menor, y que precisamos de una mejora en la formación de nuestros maestros para que nuestros hijos puedan acercarse a esa utopía de la «verdadera enseñanza», a ese proceso educativo transformador que haga indeleble el impacto del deporte y de sus muchos valores en sus vidas.

La visión de erradicar el concepto de traslación de la enseñanza vertical, esto es, de arriba a abajo, por el cual hacemos que nuestros hijos deban partir en su desarrollo de las estructuras implementadas a nivel profesional, me parece un fantástico punto de partida.

El menor ha de ser abordado como tal, no únicamente desde la perspectiva aspiracional, sino desde sí mismo, desde la compresión de sus verdaderas capacidades, con el fin de dotarlo de herramientas que favorezcan su formación y su disfrute por el juego.

Lo anterior conduce a una pequeña revolución de las presentes estructuras institucionales deportivas, mostrando al menor como un referente claro y merecedor legítimo de una educación que exceda en sus estándares y su especialización respecto a la actualmente conocida.

La obra se dirige de manera directa y sin tapujos a los futuros escultores de nuestros menores con la ingenua propuesta de que la dotación del instrumental oportuno y necesario a los primeros tendrá una consecuencia directa en la optimización del desarrollo de los segundos.

El imaginario generado por Ángel descansa en nosotros, en nuestra voluntad de cambio, en el sueño constante de unos ya adultos que aún fantasean con un balón de baloncesto.

JOSÉ LASA

Ex-campeón de Europa con el Real Madrid de baloncesto

PRÓLOGO

Cuando me plantearon escribir el prólogo de este libro pensé: ¿Por qué yo? ¡Si yo no he alcanzado ni de lejos las cotas de éxito de otros jugadores que ha entrenado Ángel G. Jareño! Pero cuando vi de qué iba el libro pensé que solo podía estar agradecido y que no escribirlo no era una opción.

Muchas veces se mide el éxito de un entrenador por los triunfos, por los títulos y por los rankings. Y si ese entrenador se dedica al deporte de cantera, además de los títulos, el éxito suele medirse por el número de jugadores que consigue colocar en la élite. En cualquiera de los dos casos, Jareño ha sido y es una referencia. Solo hay que mirar su currículum.

Sin embargo, creo que hay un indicador diferente a tener en cuenta. John Wooden es mundialmente reconocido por ser uno de los mejores entrenadores de todos los tiempos. Él decía que no estaba tan orgulloso de los títulos que había ganado (siete títulos de la NCAA) o de los jugadores qe había entrenado que habían llegado a la NBA (Kareem Abdul Jabbar o Bill Walton por poner un ejemplo) como de los cientos de jugadores que no tuvieron más carrera baloncestística pero que aportaron a la sociedad buenos médicos, buenos directivos, buenos empresarios o, en definitiva buenos profesionales y buenas personas.

Admiro profundamente la capacidad técnica y táctica de Ángel. Admiro su vasto conocimiento del baloncesto y su amor por el deporte. Sin duda es el entrenador más profesional con el que me he encontrado. Sin embargo, eso no es lo que me ha marcado. Lo que realmente ha marcado la diferencia en mi vida ha sido su profunda preocupación por el desarrollo de sus jugadores a nivel personal. Su honesto interés por hacer mejores personas a través del baloncesto a todos los que fuimos entrenados por él. Y puedo afirmar sin temor a equivocarme que la mayoría de nosotros somos mejores personas y mejores profesionales porque un día tuvimos la suerte de formar parte de un equipo que estaba liderado por Ángel.

Estamos ante un ejercicio que va a suponer un cambio en el deporte y en la educación. Creo firmemente que este trabajo realizado por Ángel es el inicio de un cambio de paradigma. Es la puesta en escena de cómo el deporte, y en este caso el baloncesto, alcanza su máximo sentido.

Este no es un libro sobre baloncesto. O mejor dicho, este no es un libro en el que solo se trate el baloncesto. Lo que tenemos entre manos es un libro en el que el baloncesto es el ejemplo pero que sería exportable a cualquier deporte.

Para mí este es un libro que inicia una filosofía: la educación por encima de todo. Pero Ángel lo hace compartiendo con nosotros una conclusión a la que ha llegado tras una vida entera dedicada al deporte en todos sus niveles: la educación y el alto rendimiento no están reñidos.

En el ámbito deportivo, una de las mejores frases que he escuchado la pronunció Ana Muñoz, antigua Directora General del Consejo Superior de Deportes. Decía lo siguiente: *«El deporte no sirve para nada a no ser que sirva para algo»*. Con esta premisa, pensando en para qué sirve el deporte empecé una reflexión intensa. Partiendo del dato de Jason Selk que afirma que solo uno de cada 16.000 deportistas consigue vivir de su deporte, una de las conclusiones más relevantes es que si el deporte tuviera que servir para algo, no sería para ese colectivo que constituye una excepción, sino más bien para los 15.999 restantes que lo utilizan para otros fines.

De todas las utilidades posibles del deporte, sin duda la que más aporta a la sociedad es su función educativa. El deporte es un arma de construcción masiva; tiene todas las características para ser una vía de educación ya que genera el entorno perfecto para que el aprendizaje tenga lugar. El deporte consigue cosas con las que el sistema educativo muchas veces sueña.

Sin embargo, la realidad que nos encontramos no es así. En general, y salvo honrosas excepciones, el deporte está planteado para generar mejores deportistas desde un punto de vista físico-técnico-táctico o para «entretener» a los niños en las clases extraescolares, pero su faceta educativa se limita a la clase de educación física en los colegios. Los entrenadores no están formados para educar y los maestros no ven más allá de las puertas de las aulas.

El baloncesto en particular y el deporte en general han perdido su propósito. No han asumido su función como herramienta educativa en todas sus dimensiones. Sin embargo tienen la oportunidad de ser la referencia en el desarrollo de habilidades, competencias y valores.

Este libro es la puesta en valor del baloncesto en toda su extensión. Es una guía para hacer del baloncesto una herramienta educativa. Es un libro que debería estar en la mesilla de cualquier entrenador de niños y jóvenes. Pero lo que lo hace especial es que es un libro que debería leer cualquier padre, que debería estar en cualquier club o asociación deportiva, y que debería tener cualquier colegio que tenga actividades deportivas escolares o extraescolares.

De repente, con este libro el baloncesto adquiere aún más sentido. El baloncesto entiende cuál es su propósito y aterriza todos estos conceptos en un plan de acción real y aplicable cada día. Adaptando la frase de Ana Muñoz, *«el baloncesto no sirve para nada a no ser que sirva para algo»*. Ángel nos ofrece una «master-class» de cómo el baloncesto sirve, entre otras, para algo muy relevante: educar.

Ángel Sanz

Emprendedor deportivo y ex-jugador de cantera del Real Madrid

INTRODUCCIÓN

Aún recuerdo cuando tenía unos ocho años y vivía en un pueblo de Cuenca llamado San Clemente. Una mañana, cuando salimos al recreo me encontré con que habían instalado varias canastas pequeñas de baloncesto. Ahí empezó mi flechazo con este deporte. Había escuchado en la radio la retransmisión de algún partido y tenía metidas en la cabeza expresiones como «suspensión de Brabender», «gancho de Luyk»... pero entonces, con las canastas en el colegio, podía coger un balón y ser yo el que viviera la experiencia de jugar y encestar. Me atraía la sensación de meter el balón por el aro.

Un par de años después, mis padres se fueron a vivir a Madrid y tuve la suerte de estudiar y jugar en el Colegio Nuestra Señora del Buen Consejo. Allí empecé a jugar y tuve mis primeros entrenadores como Ángel Pardo y César Agudín. Más tarde jugué en el club del banco donde trabajaba mi padre, Banesto, donde conocí a Demetrio Pintado, un enamorado del baloncesto y bellísima persona. A los diecisiete años, aunque seguía siendo jugador, me empezó a llamar la atención el entrenar a otros. Un año después, un entrenador y amigo, Juan Ignacio Larrañaga, me pidió que lo sustituyera en un partido. La experiencia de ese partido, la actitud de los niños y el clima de los padres y de los familiares me cautivaron. Cuando Juan Ignacio me dijo que él no podía seguir en el equipo me hice cargo del mismo y con él acumulé durante varias temporadas un montón de buenos momentos y vivencias que me marcaron como persona y como entrenador. Durante esa etapa entrené en las categorías premini, mini e infantil.

No puedo dejar de mencionar a dos padres sacerdotes: Francisco Cosgaya y Manuel Vázquez Ares. Ambos fueron muy importantes para mí durante mi etapa colegial. Muchos años después el padre Vázquez fue quien me casó y actualmente seguimos teniendo mucho contacto profesándonos una profunda amistad.

Pasado un tiempo, uno de mis entrenadores del colegio, Ángel Pardo, me llamó y me incorporó a un club que me cambió radicalmente como entrenador: el C.B. Inmobanco. Esta era una entidad satélite del Real Madrid encabezada por D. Raimundo Saporta y contaba con unos técnicos sensacionales liderados por Ignacio Pinedo. Ángel Pardo, Tirso Lorente y Miguel Ángel Martín completaban un equipo técnico de primera categoría y fueron esenciales para situar mi baloncesto en el camino correcto.

Cuando el club desapareció me quedé solo entrenando en el colegio hasta que fruto de mi trabajo y de la buena suerte me llamó Clifford Luyk, por entonces jefe de la cantera y ayudante de Lolo Sainz en el Real Madrid. En el club entrené en categorías cadete y juvenil y fue mi pasión por el baloncesto y el destino los que me pusieron en el camino del primer equipo del Real Madrid al fichar primero a George Karl, que fue quien me dio la opción de subir al primer equipo.

En la temporada siguiente, la llegada de Ignacio Pinedo, D.E.P, con el que había estado en el C.B. Inmobanco, me llevó a ser ayudante, y tras su muerte durante un partido de competición Europea (Copa Korac) frente al equipo italiano del Clear Cantú me convertí en el primer entrenador del equipo hasta el final de temporada.

Durante las dieciocho temporadas que estuve en el club, además de actuar como primer entrenador fui ayudante en muchas ocasiones. Entrené al equipo filial en Guadalajara, en lo que entonces era la segunda división tras la ACB, a los equipos filiales cuando jugaron en liga EBA y alterné en los periodos vacacionales con actividades de la FEB en las operaciones Siglo XXI con los jóvenes de mayor proyección a nivel nacional, Selección Nacional de Mini, Selección Nacional Junior y Selección Nacional Sub-23. Cuando salí del club mi vida deportiva había estado muy ligada a la liga LEB ORO.

Te cuento todo esto, no para decirte lo que he hecho como entrenador, ya que lo puedes ver en mi currículum, sino para que entiendas que empecé como tú en un colegio, que tuve seguramente tus mismas vicisitudes, inquietudes y vivencias. Que he pasado prácticamente por todas las categorías de base del baloncesto nacional hasta que el destino, la suerte y la pasión me llevaron más arriba y me permitieron vivir lo que era mi ilusión al más alto nivel profesional.

Tengo claro que los muchos años que llevo entrenando –concretamente treinta y ocho– no me hacen poseedor de la razón, pero sí me aportan la experiencia suficiente como para ver las cosas de otra manera y querer poder ayudarte. La experiencia de alguien que empezó desde abajo y llegó a la élite, lo que me permite ver el baloncesto de formación desde una perspectiva muy particular y personal que es la que quiero transmitirte con este libro.

Hace mucho tiempo que vengo pensando qué puedo aportar a la formación de los entrenadores respecto a lo que se está haciendo en este momento. Son muchos los partidos y los entrenamientos de niños y jóvenes de todas las edades que he podido ver durante los últimos años. Son muy numerosas las percepciones acumuladas acerca de cómo se entrena y cómo se dirigen los partidos en muchos lugares: Madrid, León, Tenerife, Mallorca y Pamplona, entre otros. Últimamente he observado más, si cabe, como consecuencia de ir a ver jugar a mi sobrina Estela y a mi sobrino David. Y te puedo asegurar que todo lo que he observado es muy mejorable.

Siento una enorme ilusión por poder ayudarte a ti, que trabajas con los más jóvenes, y darte mi visión de lo que debe ser una formación deportiva y humana. Con esta idea escribo este libro, que quiero que sea una herramienta para ti, tanto si empiezas como si ya entrenas, siempre y cuando quieras aprender otra manera de hacer las cosas o refrendar lo que ya haces con lo que yo he aprendido.

SUEÑO Y REALIDAD

Tengo un sueño; te lo voy a contar.

Veo que el deporte en general y el baloncesto en particular constituyen una potente herramienta educativa a disposición de los centros de enseñanza y de los clubs deportivos privados para lograr la formación integral de las personas.

Veo que se ha creado un programa colectivo asentado en cuatro pilares básicos: la familia, el colegio o el club, el entrenador y el niño, donde nadie se queda fuera y en el que todos participan activamente. Los tres primeros asumen toda la responsabilidad en la formación del niño. El entrenador es muy valorado por todos, tanto profesional como económicamente.

También veo que ese programa se extiende durante todo el periodo escolar hasta que el niño acaba el colegio, y que tiene como objetivo formarlo de modo integral, pues se preocupa por su formación deportiva, personal y académica.

En este programa el niño es el gran protagonista y lo que da verdadero sentido al programa; y bueno, no me lo puedo creer, además es respetuoso con su proceso evolutivo pues tiene en cuenta las diferentes características fisiológicas, psicológicas y sociales por las que el pequeño pasa en sus diferentes etapas.

Estoy despertando del sueño pero aún puedo ver algunos retazos del mismo y me parece observar el resultado de todo ese enfoque. Entre todos se ha conseguido formar a un buen deportista en el presente y para el futuro, a un individuo académicamente sólido, a una buena persona y a un ciudadano ejemplar dotado de valores que le pueden ayudar a mejorar la sociedad.

****

Aunque acabo de despertar, tengo mi sueño reciente. No quiero olvidar las cosas importantes del mismo con la intención de aprovechar todo lo que sea posible para aplicarlo a nuestra realidad.

En mi sueño el baloncesto era una potente herramienta educativa a disposición de los centros de enseñanza y de los clubs privados para la formación integral de las personas. No sé qué opinas tú. ¿Sabes de algún centro de enseñanza o de algún club donde el baloncesto sea utilizado con este fin? Y, si lo conoces, ¿cuántos son en comparación con aquellos que no lo hacen así?

En mi sueño aparecía también un programa colectivo que se asentaba en la familia, el colegio o el club y el entrenador, donde el niño era el gran protagonista. ¿Conoces algún centro de enseñanza o de algún club que tenga un programa así? Y, si lo conoces ¿cuántos centros tienen este enfoque en comparación con aquellos que no lo tienen?

Es evidente que ni tú ni yo tenemos la capacidad de influir en que las instituciones cambien sus políticas educativas y den la importancia que debe tener el deporte extraescolar como herramienta formativa. Tampoco la tenemos para crear un programa donde la familia y el colegio o el club se unan a la figura del entrenador para diseñar el escenario ideal para la formación integral del niño.

Al final, el baloncesto de los más pequeños está en manos de la buena voluntad y la ilusión de muchas personas que, como tú, dedican su tiempo a trabajar en estos niveles de formación. El sistema las deja solas con una gran responsabilidad sobre sus hombros siendo un elemento clave en la formación de los niños.

Por esta razón, como tú eres muy importante, quiero ayudarte para que no te sientas solo, para que tengas una herramienta de consulta que te ayude a dar respuesta a las dudas que puedas tener acerca de si estás haciendo las cosas bien o no.

EL BALONCESTO DE FORMACIÓN

Tuve la suerte de compartir muchos momentos con Ignacio Pinedo, un excelente entrenador con mucha experiencia y gran psicólogo. Me dejó muchas «perlas» que me han ayudado a entender mejor el papel del entrenador en un equipo.

Una de las primeras enseñanzas me la dio cuando estaba entrenando en el colegio y debía de tener yo veintiún o veintidós años. Me comentó que *«lo primero que tiene que hacer un entrenador es poner el tren sobre la vía»*. Te preguntarás qué tienen que ver un tren y su vía con el baloncesto. Te lo voy a explicar.

Hasta ese momento yo estaba haciendo algunas cosas bien y muchas cosas mal porque sabía muy poco. Estaba empezando y la información para aprender y mejorar era escasa. Estaba llevando mi «tren», mi baloncesto, mi equipo de niños por muchos caminos y atajos por «fuera de la vía». Tuve que esperar a fichar con el entonces CB Inmobanco para aprender lo que significaba transitar por la vía correcta. Entrenadores como el propio Ignacio, Ángel Pardo, Miguel Ángel Martín o Tirso Lorente me enseñaron el camino a seguir para hacer las cosas bien. En la mayoría de los casos es muy difícil conseguirlo si no das con las personas adecuadas. Encontrarlas pronto significa que ahorrarás mucho tiempo y esfuerzo transitando por caminos equivocados.

Cuanto antes des con ellas antes empezarás a moverte por el camino correcto. Pero no te será fácil encontrarlas y mucho menos si piensas que lo sabes todo y no tienes nada que aprender de nadie.

Con el tiempo he hecho mi propia interpretación de la idea inicial de Ignacio cambiando la metáfora de la «vía del tren» por la de «autopista de coches». Al final los entrenadores encontramos el camino correcto, que sería como una autopista formada por diferentes carriles por los que se desarrollarán diferentes personalidades, diferentes maneras de formar y trabajar, y donde cada uno buscará su propia filosofía. Pero de lo que no hay duda es de que tenemos que situar nuestro coche sobre el camino correcto: la autopista.

Puedo asegurarte que hay mucha gente que no tiene el tren sobre la vía, que no conoce la autopista. Transita por carreteras secundarias y vías locales porque nadie les ha enseñado el camino adecuado.

Yo voy a tratar de situarte en el camino correcto de la formación.

⁕

Antes de nada vamos a definir qué entendemos por «baloncesto de formación». Con esta expresión nos referimos a la actividad desarrollada, tanto en colegios como en clubs deportivos, durante la etapa escolar. El baloncesto de formación finalizará, por tanto, cuando el adolescente acabe el bachillerato. (Es evidente que la formación no acaba nunca, pero necesitamos acotarla en un período de tiempo concreto).

Muchas veces he pensado en mis inicios como entrenador. En aquellos años abastecerse de información era muy complicado. No había Internet y lo poco que uno podía aprender lo lograba con alguna revista, con algún libro americano traducido que hablaba de táctica (lo que menos necesitabas), y con los «clinics», algunos de ellos muy importantes pero que estaban muy lejos de mi realidad diaria.

Hoy en día se tiene más información que nunca. Puedes encontrar todo lo que necesitas por muchos medios. Los cursos de entrenadores son muy completos y tocan todo: fundamentos individuales, colectivos, metodología, reglas de juego, ciencias del comportamiento, dirección de grupo, dirección de partido, organización y legislación, entrenamiento deportivo, observación del juego, preparación física, psicología aplicada, sistemas de juego, etc.

Es evidente que se está dando mucha información que ayuda al entrenador a ampliar sus conocimientos. Pero aún falta algo fundamental, y es situar realmente al entrenador en el mundo de la formación. Esto es, que sepa dónde está y que entienda a quién tiene en sus manos. Esta es la clave de todo. Ser conscientes de que todos esos conocimientos los atesoramos para enfocarlos en enseñar más y mejor a las personas que entrenamos. Conocerlas a ellas es tan importante como la información que recibimos.

Echo en falta una asignatura que coloque al entrenador de estas edades en su lugar real de manera que realmente sepa el material humano que maneja y su capacidad para ayudarlo en su desarrollo integral. Pienso que estamos creando entrenadores que solo centran su atención en el rendimiento deportivo y en la competición cuando lo que necesitamos es enseñar el deporte que amamos pero siempre sin olvidarnos de que lo más importante es el desarrollo personal y humano de aquellos a quienes enseñamos.

Como te decía, el sistema te deja solo con una gran responsabilidad sobre tus hombros y eso te convierte en un elemento clave en la formación del niño. Tú decides si quieres asumirla o no. Eres libre de hacer lo que quieras. Tú mejor que nadie sabes por qué has elegido esta profesión. Si decides tomar la responsabilidad y tratar de ayudar a los que enseñas es indudable que les influirás positivamente. Si decides no hacerlo y simplemente buscas un beneficio personal también les influirás, aunque en este caso será negativamente. De cualquier manera, lo quieras o no, vas a influirles.

Piensa que el material que tienes bajo tu responsabilidad es muy sensible y que espera y necesita que le des lo mejor de ti. Lo que tú hagas, tus actitudes y tus comportamientos les marcarán como personas.

Decidas lo que decidas, yo tengo la obligación de ayudarte y para ello lo primero que haremos es colocar nuestro coche en la autopista de la formación.

***

La palabra «formación» la verás continuamente en el mundo del deporte: «baloncesto de formación», «categorías de formación», etc. Procede del latín *formatio* y se define como el «proceso y el efecto de formar o formarse». Formar es desarrollar, educar, preparar a alguien. De aquí podemos extraer dos conceptos claves que analizaremos con detalle en el libro: *proceso* y *educar* a alguien.

Algunas veces tengo la sensación de que este sustantivo y su verbo, *formar*, al igual que sucede cuando se habla de *fundamentos*, es algo cuya importancia todo el mundo reconoce pero a lo que nadie le dedica un mínimo de tiempo y esfuerzo.

Voy a decirte lo que considero que es clave para un buen entrenador de formación:

- Tener presente en todo momento que las personas a las que enseñas son las grandes protagonistas
- Dar importancia a su entorno: la familia y el colegio o club

- Comprender que las personas que están a tu cargo están inmersas en un proceso evolutivo que tú tienes que intentar conocer y sobre todo respetar
- Asumir e interiorizar que tu objetivo, por encima de todo, es formar
- No olvidar nunca que el baloncesto es un juego de equipo en el que tienen que participar todos

¿Recuerdas mi sueño? Está claro que no depende de nosotros que haya un programa formativo que dure todo el periodo escolar. Tampoco que las instituciones usen el baloncesto como una herramienta educativa. Pero si en tu labor diaria tienes presente estas claves, estarás contribuyendo a desarrollar gran parte de las cosas importantes que formaban parte de mi sueño. Aunque las instituciones no lo hagan, tú sí puedes usar el baloncesto como una herramienta educativa y no solo de rendimiento deportivo.

Si no pierdes de vista estas ideas básicas, puedes estar seguro de que tendrás el tren sobre la vía, que transitarás por la autopista correcta, que estarás haciendo un excelente trabajo. Por el contrario, todo aquello que hagas que se aparte de ellas te estará desviando del camino correcto.

Entender todo lo expuesto en este capítulo es fundamental para comprender lo que pasa actualmente. La mayoría de los problemas y carencias que se observan son consecuencia del olvido, del desconocimiento y de la ausencia de aplicación de estas claves.

La mayoría de los entrenadores enfocan su atención en el baloncesto desde una perspectiva similar a la que se aplica en el baloncesto profesional. Piensan en lo que van a trabajar a nivel técnico y táctico, la manera en cómo van a transmitir sus conocimientos, el orden y los momentos para hacerlo, los entrenamientos, la competición, etc., sin tener en cuenta lo más importante: que están en un baloncesto para niños y no para adultos de pequeña estatura.

Por eso te invito a que huyas de lo que hace la mayoría, que te distancies del baloncesto adulto-profesional y te conviertas en un auténtico formador, construyendo tu baloncesto sobre estas claves. Para ayudarte, a partir de este momento me referiré a la figura del entrenador de formación como el *entrenador-formador*.

PRIMERA CLAVE: LOS PROTAGONISTAS SON ELLOS

En el mismo momento en que decides entrenar a un equipo durante la etapa de su formación, adquieres una gran responsabilidad. Lo primero y más importante que debes entender es que las personas a las que enseñas son los grandes protagonistas, el objetivo de tu trabajo y las que dan verdadero sentido a lo que haces.

Cuando te pongas a pensar sobre lo que les vas a enseñar, sobre la manera en cómo se lo vas a transmitir, en qué momentos vas a hacerlo, prepares tus sesiones de entrenamiento o dirijas un partido, tienes que tener presente que todo debe ser pensado y dirigido en su beneficio.

Pero recuerda que no eres un entrenador que solo enseña baloncesto. Eres un entrenador-formador que debe usar el baloncesto para formar a buenos deportistas buscando su excelencia, sacando lo mejor de sí mismos, para transmitir valores que ayuden a formar buenas personas, y a la vez apoyándolos para que sean buenos estudiantes, y no permitiendo que la actividad deportiva llegue a ser un obstáculo para sus estudios.

Es muy posible que esto que te estoy contando te parezca obvio pero te aseguro que son muy pocos los que lo hacen. Durante toda mi vida he visto muchos partidos de todas las categorías, he oído a entrenadores hablar de sus equipos y he podido observar muchas actitudes en los banquillos. Especialmente en categorías de formación he visto algunas cosas que son muy habituales y que seguramente habrás podido ver tú también.

He escuchado a entrenadores que siempre hablan en primera persona: «yo hago», «yo gano», etc. Demuestran que han llegado al baloncesto para sentirse importantes y que usan al equipo para satisfacer su ego. He visto entrenamientos de niños pequeños donde el entrenador entrena pero no enseña; los pone a jugar mientras él se entretiene hablando por teléfono, mandando SMS o conversando con alguien mientras los pequeños se mueven.

He visto otros en los que se entrena como si los niños fueran adultos con ejercicios de largas filas, estáticos y aburridos, sin tener en cuenta las necesidades de los pequeños de pasárselo bien y divertirse.

He visto partidos donde se echan broncas a los chicos porque no hacen lo que quiere el entrenador cuando las cosas que se les exigen no se las habían enseñado. Donde los niños con más habilidad juegan más que los que no tienen tanta porque lo importante es ganar. Donde el entrenador chilla a los pequeños, protesta al árbitro y hace aspavientos. Donde los niños no se divierten porque están continuamente dirigidos por las instrucciones de su entrenador. En definitiva, situaciones que dejan claro quién es el verdadero protagonista del partido.

He visto otros partidos de chicos mayores en los que las malas actitudes no se cortan porque quienes las desarrollan son los «buenos» del equipo y parecen intocables. No se les sienta por su mala actitud porque se puede perder el partido y por encima de todo está ganar. Y también he visto excelentes actitudes en el campo de chicas mayores que suelen jugar poco y que cuando han vuelto al banquillo no han recibido ni un simple gesto de aprobación a pesar de que su comportamiento debería haber sido potenciado y premiado delante del resto del equipo y de su entorno.

También he visto entrenadores que invierten mucho tiempo en el trabajo colectivo, en el trabajo de equipo. Se sienten entrenadores profesionales como si fueran Pablo Laso o Zeljko Obradovic. Piensan que su finalidad es ganar porque eso les hace sentirse importantes y les puede ayudar a promocionar como entrenadores. Es un ejemplo más de que el entrenador piensa más en sí mismo que en la mejora de aquellos a los que enseña.

Podría ponerte muchos ejemplos más pero creo que estos son suficientes para ver la diferencia entre lo que es pensar en los que enseñamos o pensar en nosotros mismos. En que los protagonistas sean ellos o lo seamos nosotros.

Entender que el niño es el punto central de todo, que él es el verdadero protagonista, es la idea clave sobre la que construir cualquier programa de baloncesto. No hay nada más importante que esto. No tengas la menor duda de que si pierdes de vista esta idea te estarás distanciando totalmente de lo que es la formación.

Espero que con todo lo que hemos visto no te quede ninguna duda de cuál tiene que ser tu objetivo y tu posición como entrenador-formador. Y recuerda en todo momento que estás ahí para ayudar a tus chavales, no para aprovecharte de ellos.

SEGUNDA CLAVE: EL ENTORNO

De igual manera que en el capítulo anterior te decía que las personas a las que enseñas son lo más importante y los protagonistas del juego, ahora quiero hacerte ver la importancia que tiene su entorno para que tú puedas desempeñar bien tu trabajo.

Durante el periodo escolar, y cuanto más pequeños son tus jugadores, el entorno básico está constituido por la familia, el colegio y tú.

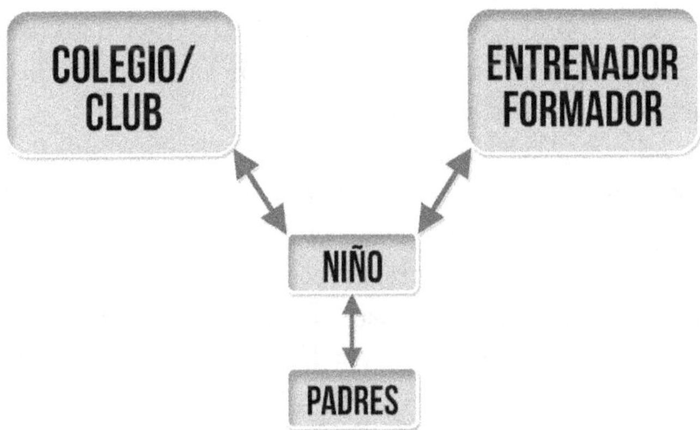

Imagen 1. El entorno de los niños en su época escolar.

Los padres deben ser una parte importante de tu equipo. El material humano que tienes en tus manos no toma decisiones propias y, lógicamente, la mayoría de ellas las toman los padres.

Por esa razón es importante que establezcas una reunión con ellos al principio de cada temporada deportiva. Debes ir con todo bien preparado y teniendo muy en cuenta que la mayor preocupación de los padres, por encima de todo, son los estudios de sus hijos.

En ella les explicarás tu programa para la temporada escolar: lo que vas a hacer y cómo lo vas a hacer dejando claro que todo está pensado por el bien de sus hijos. Expondrás los objetivos que te has marcado a nivel deportivo (que se lo pasen bien, que aprendan y mejoren sus habilidades técnicas, etc.), y a nivel personal (que mejoren su comportamiento y aprendan aquellos valores que los van a formar). Les informarás de la programación del equipo (días de entrenamiento, horarios, etc.) con la finalidad de que puedan planificar su vida familiar. También promoverás la creación de un grupo de *WhatsApp* que debe convertirse exclusivamente en un sistema de información y comunicación entre tú y los padres mediante el cual se avise de todo lo que acontezca en relación al equipo (horarios de partido, cambios de día y hora de las actividades, equipación, etc.); en ningún caso será un medio para dar opiniones, discutir ni polemizar.

Además, les transmitirás que la actividad deportiva será respetuosa con la escolar y que la reducirás en los periodos estresantes de exámenes, recuperando el tiempo perdido en momentos en los que la presión académica sea menor y apoyando a las familias para hacer del baloncesto un incentivo para mejorar el rendimiento académico de sus niños. En este tema en particular debes pedirles un esfuerzo a la hora de que exijan a sus hijos que organicen mejor su tiempo y puedan hacer frente a ambas actividades, la académica y la deportiva. La organización del tiempo es un valor en sí mismo que hay que transmitir. También deberías pedirles que no usaran el cese de la actividad deportiva como amenaza para conseguir resultados.

Harás hincapié en la importancia del compromiso de las familias y de los propios niños en la actividad deportiva. Les harás ver de qué diferentes maneras pueden ellos ayudar al equipo: echando una mano en el transporte, interviniendo como delegados de equipo o delegados de campo en los partidos, avisándote lo antes posible de la ausencia de sus hijos a un entrenamiento o a un partido, respetando las reglas del equipo en cuanto a puntualidad, equipamiento, asistencia a entrenamientos y partidos, etc.

Darás especial relevancia a lo que significa la competición dentro de tu programa y la actitud que se debe tener por parte de todos, incluidos ellos como padres y espectadores. El partido tiene un potencial educativo enorme que no se puede desperdiciar y necesitas que ellos te ayuden en esta tarea. Para ello debes enseñarles cuál es la mejor manera de apoyar a sus hijos, a la totalidad del equipo y a tu programa de formación. Ellos pueden ayudarte respetando y apoyando tus decisiones como entrenador-formador, las decisiones arbitrales, respetando también a los niños propios y ajenos, a los padres, aficionados y entrenadores de ambos equipos, manteniendo una actitud deportiva durante el partido, tomándolo como lo que es, un juego. Orienta sus comentarios y comportamientos hacia el esfuerzo y la mejora, y no hacia el resultado y la competición, ayudando a todos los miembros del equipo a la hora de gestionar con humildad y respeto la victoria o aceptar deportivamente la derrota *(fair-play)*, y que, al igual que el entrenador-formador, ellos deben ser un modelo de conducta para todos, y especialmente para sus hijos.

Siempre me dio buenos resultados hablar con los padres antes del partido, generalmente mientras los chicos se cambiaban para informarles de lo que habíamos entrenado durante la semana y lo que íbamos a trabajar durante el partido, tanto a nivel deportivo como personal. Era una forma de centrarlos en el objetivo de ese encuentro, de manera que estuviesen pendientes de eso y no de si se ganaba o perdía el partido, o de si sus hijos jugaban mucho o poco, bien o mal. Si, además de esto, después del partido empleas dos minutos para hablarles de cómo ha ido todo, si se ha cumplido el objetivo o no, te los meterás en el bolsillo. Tenlo claro: la comunicación periódica con los padres facilitará mucho tu labor formativa.

Con esa reunión al principio de temporada estarás demostrando que tu objetivo es participar en la formación integral de sus hijos. Que te interesa, no solo su crecimiento deportivo, sino también el personal y el académico. No conozco muchas familias que no valoren esto.

Tras esa reunión los padres no deberían tener ninguna duda de que su hijo está bajo la dirección de una persona que posee formación humana, conocimiento técnico e interés por el desarrollo y el bienestar de sus hijos.

Independientemente de esta reunión, deberías tener una relación abierta y cordial con todos los padres, haciéndoles partícipes del equipo. Tenerlos implicados e involucrados ayudará mucho a tus fines de formación. Solicita su ayuda cuando la necesites y mantente a su disposición en todo momento para resolver sus dudas.

Si en algún momento necesitas hablar con algún padre, no utilices a su hijo de mensajero. La información se puede distorsionar e incluso olvidar. Hazlo tú directamente por el medio que consideres oportuno.

Si eres capaz de generar este ambiente de formación, educación, comunicación e interés por los chicos, lograrás que los propios familiares estén unidos, creen un equipo y vean el día de partido como una fiesta de la que disfrutar juntos. Si no le das importancia a esto estarás desaprovechando una herramienta importante para conseguir que los padres sean parte de tu programa.

Te voy a contar un caso que es un claro ejemplo de lo que estoy hablando.

Un club se encuentra con una generación de niños que tiene un nivel de habilidad por encima de la media. Ello se traduce en que ganan todos los partidos. El entrenador hace un buen trabajo en el aspecto técnico y además juegan muy sencillo consiguiendo que el nivel del equipo crezca. Los padres están encantados y disfrutan de cada partido y comentan entre ellos el buen equipo que tienen.

Poco a poco los niños van creciendo y el ambiente en las gradas es cada vez más prepotente e insano desde el punto de vista deportivo. Se empiezan a ver faltas de respeto a los árbitros e incluso algunos enfrentamientos verbales con los padres de otros equipos. Nadie corrige estas actitudes porque a nadie en el club le importa otra cosa que el propio equipo y su rendimiento deportivo.

Cuando los chicos se van haciendo mayores los problemas se van haciendo más grandes también. Los ahora adolescentes se han criado en un ambiente de éxito deportivo durante muchas temporadas en el que todos se sentían pertenecer a un grupo de amigos. Ahora se van creando diferencias físicas, de talento deportivo, de caracteres y personalidades. Además de todo esto, hay un chico que es internacional y recibe todos los elogios del club y de su entrenador. No se le corrigen sus malas actitudes, no se le educa. Hace lo que quiere durante el entrenamiento y en el juego pues tiene patente de corso. Juega todo el tiempo, toma el mayor número de las decisiones de juego del equipo y es un ejemplo para su entrenador y su club. También hay otro chico que recorre cada día cincuenta kilómetros para entrenar, con el consiguiente esfuerzo suyo y de sus padres. Es un enamorado del baloncesto, lucha y pelea como nadie en todas las actividades del equipo y es un buen compañero, pero cuando llega el partido juega poco o nada.

Empiezan las envidias, los grupitos de los «buenos» frente a los que juegan poco y todo eso se traslada a las gradas. Incluso comienza a romperse el equipo cuando algún jugador importante se va por la diferencia de trato que recibe. Otros permanecen porque los padres los obligan a continuar, aunque muchos ya quieren dejar el equipo e incluso abandonar el baloncesto. Como consecuencia de todo lo anterior el grupo de padres se rompe. Comienzan las críticas entre ellos o hacia el entrenador, especialmente si sus hijos juegan poco.

Al final de la etapa escolar algunos chicos no quieren saber nada del deporte porque la experiencia vivida no ha sido sana, ni afectiva, ni formativa. Estaban deseando que llegara la etapa universitaria para olvidar su «pesadilla». Un triste final para tantos años de actividad deportiva.

En definitiva, algo que empezó muy bien comenzó a romperse poco a poco, y todo debido a un mal enfoque de lo que debe ser un equipo de formación. Todo se hizo pensando en el «éxito» del equipo sin tener en cuenta nada más.

El entrenador realizó un excelente trabajo desde el punto de vista técnico pero nunca dio importancia a la educación deportiva y a la comunicación con los chicos y con los padres. Estoy convencido de que se perdió una oportunidad magnífica para educar, que es el principal valor que puede transmitir el baloncesto. Se perdió la oportunidad de que todos llegaran al final de la etapa de formación como un grupo unido de chicos y padres que cada día disfrutaban de lo que hacían y que muchos años después pudieron seguir manteniendo contacto y amistad, además de la ilusión por continuar la actividad física como una parte importante de su desarrollo personal y de salud.

Como te dije, una reunión al principio de cada temporada puede ayudarte a evitar todo esto.

El colegio también forma parte del entorno del niño. Debería aprovechar la actividad extraescolar y el potencial educativo que tiene el deporte. Es evidente que la mayoría de las veces, bien por desconocimiento, o por desinterés o comodidad, el centro escolar se desentiende del mismo. En el mejor de los casos delega para que sean personas cercanas o ajenas al colegio quienes lleven a cabo las actividades deportivas. Esto implica un peligro muy real: que todos los valores que se ganan en las aulas y que tanto esfuerzo suponen al proyecto educativo, se puedan perder en el terreno de juego si el deporte no cae en buenas manos.

Piensa en un niño que voluntariamente decide apuntarse a la actividad deportiva extraescolar y le dedica a la misma un total, tirando por lo bajo, de cuatro horas semanales entre entrenamientos y partidos. Si lo analizas bien, el niño estará el mismo tiempo o más bajo la responsabilidad formativa de un entrenador de baloncesto que con el profesor de Lengua, Historia o Matemáticas.

Es por esta razón por la que la influencia educativa que se puede ejercer sobre él a través del baloncesto es superior, al menos en cantidad de tiempo, a cualquier otra actividad docente. Y, sin embrago, el colegio le da un carácter secundario restándole la importancia que tiene.

Después de los padres y del colegio apareces tú como entrenador-formador. Ya te lo dije antes, tienes una gran responsabilidad. Serás una persona clave en la formación de tus aprendices. No te voy a hablar mucho más de la importancia de tu papel en este capítulo pues más adelante lo desarrollaremos en detalle.

TERCERA CLAVE:
EL PROCESO EVOLUTIVO

Analizada la importancia de ver al niño como el gran protagonista de todo (clave 1) y de considerar su entorno, y especialmente a los padres (clave 2) como parte de nuestro plan de trabajo, llegamos ahora a una parte fundamental que prácticamente nadie tiene en cuenta: comprender que el niño se encuentra inmerso en un proceso evolutivo que tenemos que intentar conocer y, sobre todo, respetar (clave 3).

El ser humano, desde que nace hasta que muere vive un proceso de cambio continuo. Afirmar que el niño es un ser en evolución es algo evidente. Estarás de acuerdo conmigo en que nada tiene que ver un niño de seis años con uno de diez y ninguno de estos con uno de dieciséis. Cada uno de ellos sufrirá cambios siguiendo un orden natural a nivel biológico, fisiológico, cognitivo-intelectual, afectivo-emocional, psicomotriz, social-relacional y moral. Y cada individuo tiene un proceso de desarrollo propio que debes respetar.

Tanto es así que la propia medicina posee una especialidad que es la pediatría para atender a individuos cuyas características y reacciones en todos los aspectos son muy distintas a las de los adultos. De hecho, la propia definición de pediatría explica el porqué de su existencia: *«es la medicina integral del periodo evolutivo de la existencia humana desde la concepción hasta el fin de la adolescencia, época cuya singularidad reside en el fenómeno del crecimiento, maduración y desarrollo biológico, fisiológico y social que, en cada momento, se liga a la íntima interdependencia entre el patrimonio heredado y el medio ambiente en el que el niño y el adolescente se desenvuelven».*

Incluso escribiendo este libro encuentro dificultades a la hora de emplear los términos más adecuados cuando me refiero a diferentes edades. Eso ya te indica algo. Hay una variación incluso en el lenguaje cuando hablas de niños, pre-adolescentes, adolescentes y adultos. En general se suele usar el término «niño» para hablar de jóvenes de entre seis y doce años, el de «adolescente» para los de entre doce y dieciocho, y «adulto» para los de diecinueve en adelante.

Te voy a poner algunos ejemplos de la evolución que sufre la persona a lo largo de las distintas etapas de su infancia y juventud.

El desarrollo del sistema nervioso y cerebral del niño es vertiginoso desde el nacimiento hasta los seis años, llegando entonces al 80% de su evolución hasta alcanzar el 100% a la edad de doce años.

Los huesos experimentan un endurecimiento progresivo, aunque no todas las partes del esqueleto crecen y maduran al mismo ritmo. Las partes que antes maduran son el cráneo y las manos, mientras que las piernas no finalizan su crecimiento hasta el final de la adolescencia. En general el crecimiento óseo es rápido durante los primeros cuatro años de vida llegando al 40% de evolución para volver a tener otro tirón fuerte entre los diez y los dieciséis o diecisiete años, cuando sobrepasa el 90% de su desarrollo total.

La maduración del tejido muscular es muy gradual durante la niñez y se acelera al inicio de la adolescencia, cambiando la proporción de músculo-grasa, que llega a su máximo desarrollo entre los veinte y los veintiún años.

Todo esto puedes visualizarlo en el siguiente gráfico, elaborado por Gregory S. Anderson y Peter Twist para una revista americana cuyo título era *Trainability of children*, en el que se observan las pautas de crecimiento de un niño. En él se pueden ver el desarrollo nervioso (neural), óseo (esqueletal) y muscular (muscular). En el eje de abscisas aparece el porcentaje de desarrollo mientras el de ordenadas muestra la edad.

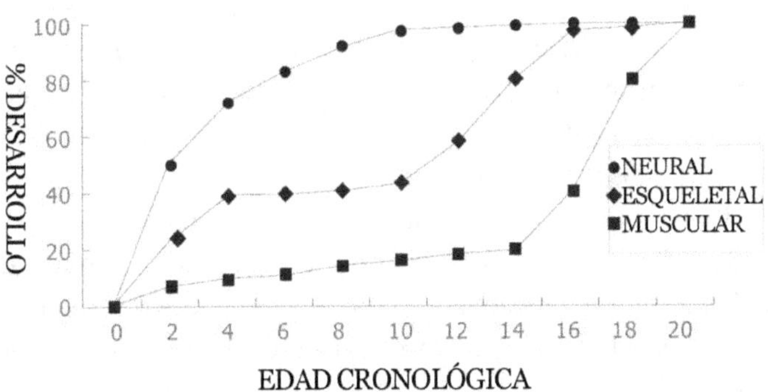

Imagen 2. Patrones de crecimiento de un niño.

Fisiológicamente, el niño irá evolucionando siguiendo dos leyes fundamentales que existen en el proceso de maduración física: la *ley de progresión céfalo-caudal*, según la cual el control motor de la cabeza se consigue antes que el de los brazos y el del tronco, y este se logra antes que el de las piernas; y la *ley próximo-distal*, según la cual se dominan la cabeza, el tronco y los brazos antes que la coordinación de las manos y los dedos.

El desarrollo de su motricidad estará en función de su maduración física, y de su desarrollo esquelético y neuromuscular.

En la etapa de la adolescencia aparecen cambios biológicos importantes y especialmente neuro-hormonales, de profundos efectos en todo el organismo.

La capacidad de asimilación y aprendizaje irá mejorando con el tiempo.

Cognitiva e intelectualmente, el niño irá pasando por una serie de etapas que van desde un pensamiento intuitivo y egocéntrico basado en la percepción, donde no puede desligar su razonamiento de la vivencia personal y de la manipulación de los objetos (de los seis a los ocho años), hasta un pensamiento lógico formal que le permitirá elaborar hipótesis y comprobarlas empíricamente, además de adquirir una mayor capacidad para pensar de forma abstracta (entre los dieciséis y los dieciocho años).

En el plano afectivo-emocional, el niño evolucionará desde un marcado egocentrismo e inestabilidad emocional (de los seis a los ocho años), hasta sentir la necesidad de buscar su identidad personal, tomar sus propias decisiones y ser independiente (de los dieciséis a los dieciocho años).

En la dimensión moral, atravesará otra sucesión de etapas, desde la infancia, período durante el cual obtendrá una moral heterónoma que necesita que alguien le dicte las normas, pues los niños no son capaces de tomar decisiones por su cuenta, hasta otra en la que descubrirán su propio comportamiento y desarrollarán su sistema de valores (de los dieciséis a los dieciocho años).

En definitiva, el niño está metido de lleno en un profundo proceso evolutivo.

Indudablemente, si conocemos cómo piensan, cómo sienten, cuáles son sus motivaciones y necesidades según el momento evolutivo en que se encuentren, todo ello nos aportará una información valiosa para saber qué podemos enseñarles, qué son capaces de aprender y cómo podemos ayudarlos.

Debes adaptar lo que enseñes, los métodos que utilices y el momento en que hagas las cosas a cada etapa de su evolución. La mejor forma que tienes de ayudarlos es adaptándote a ellos.

Y es muy importante que entiendas que lo realmente importante es el proceso y no el resultado a corto plazo.

No debes tener ninguna prisa. El problema que existe, y que ha existido hasta ahora, es que nadie tiene en cuenta el proceso evolutivo de los niños y de los jóvenes. Se piensa que son adultos en miniatura en lugar de verlos como seres que están inmersos en un cambio constante. Únicamente a nivel material se ha hecho algún tipo de adaptación a su mundo como la disminución de la altura de la canasta, el tamaño-peso del balón y la adaptación de la dimensión del campo, pero nada más.

Nunca se ha desarrollado un programa de baloncesto que establezca un orden de aprendizaje, un trabajo evolutivo y progresivo en el que cada etapa esté íntimamente ligada con la posterior y con la que la precede, donde cada etapa sea una parte del todo y se adapte a la evolución del niño. Y mucho menos se ha pensado en incorporar a dicho programa valores que se adapten a su propio desarrollo.

Entrenar de la misma manera en todas las etapas sin tener en cuenta la evolución de los que aprenden no tiene mucho sentido a pesar de que es lo que se hace. En un capítulo posterior te proporciono un programa de formación que tiene en cuenta todo lo comentado.

CUARTA CLAVE: FORMAR

En el capítulo anterior decíamos que «formar» es desarrollar, educar, preparar a alguien. Esta palabra puede resumir tu objetivo como entrenador-formador (clave 4).

Hoy en día el baloncesto de formación ha perdido sus señas de identidad. Existe una gran confusión entre este y el baloncesto profesional-adulto hasta el punto de que el segundo ha engullido literalmente al primero.

Durante mi vida profesional he visto trabajar a compañeros con la espada de Damocles permanentemente sobre sus cabezas. Yo mismo lo sufrí en una ocasión en la que acabaron cortándome la mía.

¿Sabes de lo que te estoy hablando? Seguro que sí, pero por si acaso te lo voy a explicar. Cuando eres profesional tienes que ganar y, cuando llegan los malos momentos, las malas rachas, la espada empieza a oscilar sobre ti. Ningún equipo profesional me pidió nunca *formar* sino *ganar*. Existe una regla muy sencilla de entender: si ganas mantienes tu trabajo o incluso mejoras; si pierdes estás en la calle.

¿Recuerdas la frase de Luis Aragonés? *«Ganar, ganar, ganar y ganar y volver a ganar...»* Es así. Esto resume lo que es el deporte, y por ende el baloncesto profesional.

Pero a mi modo de ver existe una confusión con los verbos. Está muy claro que *ganar* es el verbo ligado al deporte profesional-adulto, pero también debería entenderse que el verbo *formar* lo está al trabajo con los más jóvenes.

Imagina un colegio cualquiera cuya finalidad sea la de organizar y desarrollar la acción educativa. Tiene equipos en todas sus categorías. Todos los entrenadores son enseñados y motivados para ser los campeones en sus respectivas ligas. No lograrlo es un fracaso. El colegio es muy conocido en la ciudad por el nivel de sus equipos.

Imagina un colegio que tiene un equipo formado por niños de diez años en el que tienen especificados los puestos de cada uno de sus integrantes. Los más pequeños y hábiles son los *bases*, los menos hábiles y más altos los pívots, y el resto serán *aleros*. Juegan en ataque con sistemas estructurados y en defensa utilizan las zonas.

Imagina un colegio que tiene un equipo formado por niños de nueve años. Cuando juegan, el entrenador saca a los «buenos» tres cuartas partes del partido mientras los «malos» juegan solo un cuarto. Pero cuando juegan los segundos se les apoya con alguno «bueno» para no perder ese cuarto por mucho. Este «bueno» suele acaparar el balón y la mayoría de las acciones del grupo. Los «malos» solo lo tocan algunas veces.

Imagina un colegio donde uno de sus equipos está formado por jóvenes de diecisiete años. El entrenador los insulta y los trata de manera vejatoria hasta el punto de que todos los miembros del equipo se reúnen con él para manifestarle su disconformidad diciéndole abiertamente que si no cambia su actitud dejarán la actividad.

Imagina un colegio que sistemáticamente ficha a los mejores niños de otros centros, actúa a espaldas de ellos, además de desechar a uno del propio colegio que lleva varios años en el equipo, y todo con el único objetivo de quedar campeones.

Imagina un colegio que tiene un equipo formado por chicos de dieciséis años. El equipo habitualmente entrena cinco días a la semana además del partido. En plenas fechas de exámenes se entrena todos los días porque la siguiente semana juegan «un partido importante» o una fase de clasificación.

Imagina un entrenador de un colegio que solo elije entrenar a aquellos equipos que destacan y pueden ganar el campeonato, de manera que él pueda mantener su fama de triunfador dejando los equipos «malos» al resto de sus compañeros.

Ahora te pregunto, ¿crees que estos ejemplos son fruto de mi imaginación o existen de verdad? Te dejo un momento para que lo pienses.

La respuesta para mí es sí. No es algo que haya inventado yo para darle forma a mi planteamiento. Es real. Entonces... ¿qué está pasando? Lo que te decía al principio. El baloncesto profesional-adulto se ha metido de tal manera en el deporte de formación que lo ha fagocitado. Su influencia se respira por los campos donde practican y juegan nuestros jóvenes.

Los entrenadores que tienen que enseñar y formar a los más pequeños ven en el deporte profesional un espejo donde mirarse y toda la información que reciben proviene de este ámbito. Cuando van a charlas o a «clinics», estos son impartidos por entrenadores profesionales que les hablan de cosas realmente buenas, muy bien desarrolladas, pero que están lejos de la realidad con que trabajan los asistentes. ¿De qué le vale a un entrenador-formador que empieza a entrenar a un equipo pre-benjamín que le hablen del bloqueo directo o que le cuenten lo que hace el entrenador del Real Madrid contra las defensas zonales?

Es evidente que al copiar el modelo profesional en el deporte escolar se está llevando a cabo una adaptación del mundo del niño al del adulto, cuando ambos son mundos completamente distintos. Recuerda lo que te dije en el capítulo anterior: el niño no es un adulto en miniatura sino un ser que está en un proceso de evolución. De ahí que ocurran cosas como que te impongan la idea de ganar por encima de todo, las convocatorias previas al partido, la especialización deportiva a edad temprana que son, entre otros, algunos ejemplos de los muchos que puedes ver a tu alrededor a poco que te muevas.

Los entrenadores-formadores trabajan en todas las categorías por igual siguiendo un modelo equivocado. Los niños que demandan jugar, divertirse, sentir que aprenden y mejoran sus habilidades en un entorno positivo, de respeto y afecto, se ven inmersos en un mundo muy alejado al suyo en el que se entrena con ejercicios aburridos y donde el trabajo de equipo ocupa la mayoría del tiempo de la actividad, lo cual impide la mejora individual y donde el clima competitivo y de exigencia está siempre presente.

¡Luego nos extrañamos que se produzca desinterés por parte del niño por la actividad o incluso el abandono de la misma porque encuentra otras maneras de pasárselo bien!

En las gradas o en las bandas de nuestros campos nos encontramos con un gran número de familiares, especialmente padres, que tienen un comportamiento modélico, educado y respetuoso a pesar de estar en un entorno donde se da excesiva importancia a la victoria. Pero también vemos algunos casos de padres que tienen reacciones fuera de lugar generando un ambiente inadecuado para los más jóvenes. Insultos y falta de respeto a los árbitros, comentarios soeces sobre miembros del otro equipo e incluso enfrentamientos verbales con los padres del equipo rival son algunos ejemplos de ello.

Todos deberíamos hacer un gran esfuerzo por devolver al baloncesto de los más pequeños sus señas de identidad y transitar en la dirección opuesta a la que camina el deporte profesional-adulto en la actualidad. Pero voy más allá. Estoy convencido de que la sociedad atraviesa actualmente una crisis de valores, por lo que nuestro deporte debería hacer algo más que enseñar correctamente el juego. Los valores son tan importantes para la persona como los fundamentos lo son para el baloncesto. Por tanto deberíamos utilizar esto para transmitir todos estos valores aprovechando el potencial educativo que tiene el día a día de los entrenamientos y sobre todo la competición.

En resumen, crea tu programa de baloncesto acercándolo al mundo del niño y alejándolo del adulto. Utiliza el deporte como una herramienta útil para la formación integral de las personas que tienes bajo tu responsabilidad. Entrena para ayudarlos en su desarrollo físico y técnico de manera que logren sacar lo mejor de sí mismos, que lleguen a ser todo lo mejor que pueden ser, que se acerquen o consigan su máximo potencial. Pero también entrena los valores y ponlos a jugar. La persona debe estar siempre por delante del deportista.

Ten en cuenta que el baloncesto por sí mismo no transmite nada. Eres tú quien decide la trascendencia pedagógica de la práctica deportiva. Depende de ti y de tu forma de enseñar que se fomenten o no los valores educativos que indiscutiblemente posee el baloncesto.

En el siguiente gráfico puedes ver algunas diferencias evidentes entre ambos mundos: el del baloncesto para niños y el del baloncesto de adulto:

BALONCESTO DE FORMACIÓN	BALONCESTO ADULTO
• La clave es educar y formar	• La clave es ganar
• El proceso es lo fundamental	• El resultado es lo fundamental
• El protagonista es el niño	• El protagonista es el equipo encabezado por su entrenador
• El niño está evolucionando a todos los niveles	• El adulto está ya formado a todos los niveles
• El niño depende mucho de su entorno: padres, colegio y entrenador	• El adulto depende de sí mismo
• El entrenador enseña a todo aquel que quiera jugar	• El entrenador selecciona a quienes se adapten a su filosofía de juego
• El entrenador no abandona a nadie por sus menores habilidades o capacidades	• El entrenador selecciona a los mejores o a los que se adaptan a su baloncesto
• El entrenamiento es una herramienta clave en el proceso de formación del niño	• El entrenamiento es un instrumento para mejorar el rendimiento del equipo
• El partido es una herramienta de formación cuyo fin es educar	• El partido tiene como único fin la victoria y para conseguirla «todo vale»
• Lo más importante es la persona. Luego el deportista. Y finalmente la competición	• Lo más importante es la competición
• Los valores se entrenan, se viven y juegan	• Los valores, en la mayoría de los casos, no se tienen en cuenta

Imagen 3. Baloncesto de formación vs. baloncesto-adulto.

QUINTA CLAVE: UN JUEGO EN EQUIPO

El baloncesto es un juego de equipo y por eso tienes que empezar a mentalizarte para emplear palabras como «nosotros», «todos», «equipo», «juntos», y verbos como «ayudar», «sumar», «unir», «juntar».

Una cosa que ha llamado siempre mi atención ha sido escuchar a entrenadores que hablan a sus jugadores de la importancia de ser un equipo y jugar como tal, y luego no son capaces de serlo con su propio cuerpo técnico. Tras una victoria se dan importancia en la rueda de prensa acerca de lo acertado de sus decisiones y lo bien que han preparado el partido, y, en cambio, tras una derrota ponen el énfasis en que no las cosas no han salido como ellos hubieran querido cargando las culpas en algunos jugadores que no estuvieron a la altura de las circunstancias. Este comportamiento es incongruente. No creo que ninguno de sus jugadores los escuche y crea cuando emplean la palabra «equipo».

Por tanto, sé consciente de que tus acciones convencen más que tus palabras. Si realmente quieres formar un equipo debes demostrarlo cada día con tus actos siendo un ejemplo de ello.

En primer lugar, tienes que ser justo. Independientemente de la edad que entrenes, debes estar muy atento a tu forma de actuar con cada miembro del equipo. Tu trato ha de ser igual para todos. No puedes mostrar afecto a unos sí y a otros no, ser cercano con unos y con otros no tanto, disculpar el error de uno y recriminar el mismo fallo a otro, no puedes reforzar y motivar a unos y no hacerlo con otros, etc.

En segundo lugar, debes ser imparcial. No te dejes llevar por la simpatía hacia alguno o porque conoces al padre de algún otro. Tu papel es ayudar a los niños a crecer y formarse plenamente, sin favorecer a unos más que a otros. Esto te permitirá ser más justo a la hora de analizar las situaciones problemáticas que puedan surgir y evitar reacciones precipitadas que te lleven a error. Debes interesarte por todos los miembros del equipo. Debes preocuparte por el que no asiste a clase o por el lesionado, evitando centrar tu interés únicamente en el grupo de los «buenos».

En tercer lugar, debes enseñarles a jugar juntos. En defensa para frenar las penetraciones a canasta, para defender la zona y el área del poste bajo, etc. En ataque para pasarse el balón, para generar espacios, para liberar a sus compañeros, etc.

En cuarto lugar, debes usar el partido para hacer equipo. Es el momento que todos esperan con pasión, el momento de jugar. El modo en que emplees el tiempo de juego definirá cuánto crees de verdad en el equipo. En las edades muy tempranas te aconsejo que todos jueguen los mismos minutos, con independencia de sus habilidades motrices y técnicas, salvo que sea una decisión tomada como respuesta a algún problema de actitud o ruptura de las reglas del equipo (un ejemplo de aplicación de los valores que antes hablábamos). Pero no solo es importante que jueguen lo mismo, sino que también lo es el que todos participen activamente del mismo modo. Esto es que puedan tomar decisiones y desarrollar sus iniciativas sin restricción alguna.

Con ello conseguirás que todos se sientan importantes y parte del equipo. Que vivan la sensación de que aportan valor al mismo. De esta manera en los menos hábiles favorecerás su autoestima y su motivación, además de transmitir a todo el grupo valores como la generosidad, el respeto a los compañeros y el espíritu de equipo.

Más adelante, a partir de la categoría cadete puedes hacer que los minutos de juego se repartan de otro modo, aunque nunca debes olvidar que el uso del tiempo incide enormemente en el espíritu del equipo. Cuanto más te acerques a que todos jueguen el mismo número de minutos, más cerca estarás del ideal. Tampoco debes olvidar que un uso correcto del tiempo puede potenciar muchos valores del equipo.

En quinto lugar, debes promover el altruismo en el juego, tanto en los entrenamientos como en el partido. Tienes que potenciar y valorar a aquellos que son capaces de dar un pase más para que un compañero anote cuando ellos podrían haberlo hecho, al que realiza un movimiento para que sea otro quien enceste, a los que abandonan su egoísmo para hacer buenos a otros, a los que se sacrifican en defensa frenando a la estrella del otro equipo, o aquellos que cometen su quinta falta y por tanto fuerzan su eliminación del partido por ayudar a su equipo, etc.

En sexto lugar, tienes que desarrollar el talento del equipo sin olvidar la mejora individual de cada uno de tus niños, especialmente en las primeras edades de la formación. Algo que no entienden algunos entrenadores es que el juego grupal se alimenta de la calidad individual de sus miembros.

Invierten mucho trabajo en el colectivo, sobre todo a nivel táctico, pero el equipo a veces no crece porque sus integrantes no lo hacen. Ocurre en cualquier nivel, incluso en el profesional.

Conforme avances en el proceso de formación debes ir equilibrando la mejora individual y la colectiva hasta llegar a un reparto del 50%. Nunca lo colectivo debería superar lo individual.

De esta manera desarrollarás los fundamentos individuales, la toma de decisiones y el incremento del talento dentro del concepto de equipo que establezcas.

Ten claro que en la mayoría de los casos un problema táctico puede ser resuelto con la calidad y el talento individual. Y que un problema de talento individual momentáneamente puede ser maquillado por la táctica, pero no resuelto.

LOS CANTOS DE SIRENA

Hasta ahora he tratado de situarte en el camino de la formación, lo que llamábamos «poner el tren en la vía» o «el coche sobre la autopista». Te he enumerado y explicado las que considero que son las claves para ser un buen entrenador-formador.

Ahora ha llegado el momento de avisarte de a lo que te enfrentas si decides seguir esta senda. Debes saber que será duro, pues tu entorno te empujará hacia caminos diferentes. Posicionarte en el lado de la formación hoy en día es ir contracorriente.

Encontrarás a muchos entrenadores que te dirán cosas totalmente opuestas y que criticarán lo que puedas aplicar tras leer este libro. Escucharás muchos «cantos de sirena» que te invitarán a coger atajos y desviarte del camino correcto.

Tu convencimiento de lo que debe ser el baloncesto de formación, tu ética deportiva, tu idea de formar por encima de todo, puede ser un lastre competitivo frente a rivales menos preocupados por cuestiones morales. Entrenadores que antepondrán el éxito y las victorias a otras consideraciones.

He encontrado gente que al escuchar mis ideas acerca de la formación las ha calificado de tonterías. Que cuando llevas un equipo lo más importante es competir y ganar, que los primeros que quieren ganar son los jugadores y los padres...

Tengo un sobrino de nueve años, David, que juega en un equipo de León, la ciudad donde vivo. Su equipo jugaba contra otro colegio muy conocido por su nivel de baloncesto. Mi cuñada llevaba el tanteo porque, al no ser una competición oficial, en esa categoría juegan sin marcador. Comenzó el partido y en el primer cuarto hubo cierta igualdad. A partir del segundo las canastas solo entraban en un único lugar, el de su equipo. Los nuestros de vez en cuando anotaban una canasta. La sensación en la grada era de que les estaban dando un baño. Cuando terminó el partido David fue corriendo junto a su amigo Pablo y los dos le preguntaron a mi cuñada «¿cómo hemos quedado?» Ella les dijo: «12-74». Tras lo cual los dos volvieron a preguntar «¿pero ganamos o perdimos?»

Esto es un ejemplo de lo que piensan los niños a ciertas edades. A David y a sus amigos les gusta jugar y pasárselo bien con sus compañeros, pero no les preocupa si ganan o pierden y si lo preguntan es porque algún adulto les induce a ello. Es así. Lo de ganar o perder no es cosa de niños, es cosa de los mayores.

En los diferentes lugares donde he entrenado he intercambiado mis ideas con otros entrenadores. Recuerdo que uno de ellos me dijo que trabajando con esa filosofía es imposible que salga ningún jugador de calidad. Le respondí que nuestra labor, en primer lugar, no es sacar jugadores sino formar deportistas y personas. Después le hice una pregunta muy simple: «¿cuántos jugadores han llegado a la ACB en los últimos veinte años en tu ciudad?» La respuesta fue: «ninguno». Y no me extraña.

Tengo la seguridad de que cuantos más atajos cojas, cuanto más entrenes a los niños como si fueran adultos, cuanto menos tengas en cuenta la evolución del que aprende, cuanto más inviertas en ganar y menos en formar, más negativo será el resultado. Y, por el contrario, estoy convencido de que si haces las cosas bien, al final, sin querer, como consecuencia del trabajo bien hecho, ganarías mientras formas buenos deportistas. Pero si no ganaran y no salieran buenos, no pasaría nada porque habrías triunfado de pleno al haber sido capaz de formarlos como deportistas y como personas.

Un apunte más. Según el Dr. Jason Selk, uno de los más prestigiosos psicólogos deportivos de los Estados Unidos, «solo 1 de cada 16.000 deportistas llega a ser jugador profesional». Me gustaría conocer cuál es este porcentaje para nuestro país. Si partimos de la base de que este dato es acertado, el razonamiento es muy simple: habrá 15.999 individuos que no vivirán del baloncesto. En consecuencia me parece una necedad enfocar toda nuestra atención exclusivamente en el aspecto deportivo.

Dejémonos de tonterías y formemos a nuestros jóvenes integralmente, buscando que den su máximo potencial a nivel deportivo, transmitiéndoles valores que los ayuden a crecer como personas, y sobre todo, no interfiramos en su desarrollo académico. Si como resultado de este trabajo de formación hay alguno que llega, estupendo. Pero por encima de todo nos aseguraremos que el resto ha desarrollado las competencias y habilidades que les van a ser útiles en su vida profesional y personal fuera del ámbito del baloncesto.

En definitiva, no mires el resultado y enfócate en lo verdaderamente importante: el proceso. El resultado vendrá por añadidura.

Una vez que te he enseñado cuál es el camino correcto por el que debe discurrir el baloncesto de formación y tras advertirte de los problemas que te acarreará transitar por él, quiero enumerarte las habilidades que deberías desarrollar para poder desempeñar con efectividad tu cometido. Hay habilidades dirigidas al terreno deportivo y habilidades dirigidas al terreno personal.

HABILIDADES PARA EL DESARROLLO DEPORTIVO

Como entrenador-formador debes hacer todo lo posible para que cada niño aprenda las habilidades del baloncesto, individuales y colectivas, de manera que consigas que dé lo mejor de sí mismo, su máximo potencial, además de proporcionarle un rol en el grupo y una posición de juego que le permita ser útil al equipo.

Estas son las habilidades que debes desarrollar en el terreno deportivo:

1. Velar por la seguridad. Tienes la obligación y la responsabilidad de revisar el entorno donde se desarrolla la actividad de manera que no haya nada que ponga en peligro la salud de los tuyos. Además, deberías estar seguro de que todos han pasado una revisión médica que los certifique para entrenar y jugar.

2. Organizar el equipo. Debes establecer unas normas de funcionamiento interno del grupo que todos sus integrantes tienen el deber de respetar (horarios, equipación, etc.) También deberías llevar un control de los datos personales del niño y de los padres para poder ponerte en contacto con ellos (teléfono, correo electrónico, etc.), así como cualquier dato médico que debas conocer (alergias, etc.)

3. Tener pasión. Esta es la habilidad más importante que debes poseer. El apasionado ama lo que hace, disfruta de todo y tiene una cualidad de un enorme valor: que es contagiosa.

4. Enseñar y comunicar. Esta es, después de la pasión, la habilidad más importante que debes desarrollar. Para que puedas enseñar tienes que saber, y, por tanto, necesitas conocer el baloncesto específico para niños, sus reglas, los fundamentos del juego (individuales y de equipo) y unos conceptos tácticos básicos. Pero, además de saber, tienes que ser capaz de comunicar y transmitir tus conocimientos para que tus jugadores aprendan de una manera clara, precisa y comprensible, adaptándote a sus necesidades y aptitudes según su edad.

   Cuando les trasmitas algún tipo de información, el mensaje debe tener unas características definidas:
   - Tiene que ser positivo. Imagínate que tienes que corregir un error; primero debes decir lo que se hizo bien y luego explicar de una manera positiva lo que se está haciendo mal, mostrando la forma de corregirlo

- Ha de ser claro y sencillo. Si dudas o divagas es muy posible que se pierda el objetivo del mensaje, e incluso el interés de quien te escucha. Es importante que organices lo que vas a decir antes de hablar, que no aburras con largos monólogos y que uses un lenguaje que puedan entender sin caer en lo ordinario
- Debe realizarse en voz alta y con entusiasmo. Cuando empleas una voz fuerte y potente estás atrayendo más la atención que si utilizas un tono bajo. Si además de ello usas una voz entusiasta y apasionada, no solo estarás motivando, sino que, además estarás transmitiendo cuánto te divierte tu trabajo
- Tiene que ser consistente. Tienes que ser coherente y firme, evitando decir hoy una cosa y mañana otra muy diferente

Y te recuerdo que la comunicación, no solo debe ser desarrollada para enseñar a los niños, sino también para mantener un contacto permanente con los padres. Debes demostrarles respeto y empatía, siempre y cuando su actitud sea la adecuada. Ambos deseáis lo mejor para los niños y así será fácil aclarar cualquier duda o encontrar soluciones a algún problema que pueda surgir.

5. Motivar y reforzar Con refuerzos positivos, alabando el esfuerzo por mejorar, el buen comportamiento y los progresos técnicos cada vez que se produzcan y en ese mismo instante. Puedes decirle a un niño, delante de todos, lo que ha hecho bien y eso acrecentará su confianza (refuerzo positivo verbal). Pero también lo conseguirás con un gesto o con un choque de manos (refuerzo positivo no-verbal). Debes conseguir que todos tus niños tengan la ilusión de volver al día siguiente.

6. Tener paciencia. Una parte importante de tu actividad es controlar tu frustración cuando las cosas no salen como esperabas y tener la paciencia suficiente hasta que lo consigas. Debes tener una idea clara de que el baloncesto es un juego de errores. Cuando entrenas lo haces para reducir estos aunque por mucho que trabajes siempre seguirán produciéndose.

    Recuerda que estás inmerso en el proceso de formación del niño y por ello no debes tener prisa, no hay que quemar etapas. Cada niño desarrolla de una manera diferente una habilidad, por lo que algunos disfrutan con su mejora mientras que otros se frustran al no dominarla. Tu obligación será ayudar a los que no la dominan, enseñando, corrigiendo y animándolos. El niño pone toda su atención en el desarrollo de las habilidades que ha aprendido mientras tú pones la paciencia.
    Si tienes que corregir un error sé positivo. El objetivo es subsanar algo mal hecho y con ello mejorar. Evita reñirlos ni enfadarte con ellos.
    Si son varios los fallos, céntrate en uno y abórdalo. Nunca quieras solucionar dos o más fallos a la vez.

7. Liderar. Debes ser consciente de que lideras un grupo, que cuentas con la capacidad de influir en todo lo que tiene que ver con la formación del niño a través del baloncesto, y que por ello tienes una enorme responsabilidad en todo lo que haces o dices. Ser líder te obliga a algunas cosas:
    - Preocuparte, de verdad, por los tuyos
    - Ser un ejemplo para ellos
    - Ser persona antes de nada. Debes demostrar una gran sensibilidad hacia quienes estás enseñando y adaptar el mensaje a cada uno. Han de percibir que estás al servicio del equipo y que te sientes parte de él

- Cuidar tu actitud y tu imagen. Debes ser consciente de la influencia que tu actitud tiene en la formación de las personas a tu cargo. Por esta razón sé educado, utiliza un lenguaje respetuoso y exígelo también. Además, como modelo a imitar, sé el primero en cumplir aquello que predicas. Tus hechos, y no tus palabras, serán los que sirvan de ejemplo. También debes cuidar tu imagen personal vistiendo de forma adecuada y mostrando hábitos saludables, evitando beber o fumar delante del equipo

- Generar confianza. Demuestra que sabes, que crees y quieres a los tuyos, que eres coherente haciendo lo que dices y diciendo lo que haces, que eres claro y transparente, y que estás comprometido con el objetivo que te has marcado

- Crear un clima de trabajo positivo, constructivo y creativo. Esto es fundamental para el aprendizaje. Cuando generas este ambiente logras que tu gente aprenda, mejore y progrese pasándoselo bien. Especialmente con los más pequeños, debes hacer todo lo posible para que el tiempo que dura la actividad sea lo más agradable y divertido posible

- Desarrollar el espíritu de equipo (del que ya hemos hablado)

- Utilizar un lenguaje que reafirme en todo momento el valor del esfuerzo para conseguir cualquier cosa en la vida. Es muy importante que lo desarrolles para lograr vencer la tendencia actual de la sociedad hacia la comodidad, a darles todo hecho, al éxito fácil, etc.

- Tener determinación cuando tomes decisiones. Piensa con calma lo que vas a hacer y una vez que tomes una decisión, sé firme

8. Planificar y programar el trabajo adecuado a la edad de aquellos a los que vas a enseñar. La planificación tiene que ver con el proyecto global de la temporada mientras la programación tiene que ver con el núcleo del proyecto. La planificación te proporciona una visión de conjunto. Sabes de dónde partes, a dónde quieres llegar y tomas las decisiones oportunas durante el trayecto. Te facilita una hoja de ruta, un rumbo a seguir, evitando ir a la deriva. Cuando planifiques ten en cuenta lo siguiente:

   - Hay que conocer la situación original o punto de partida. Para ello has de analizar el nivel de baloncesto de tus niños considerando el trabajo referido a la formación deportiva y de transmisión de valores que han realizado en etapas anteriores. Necesitas descubrir lo que saben y conocer dónde se encuentran realmente. Para ello siempre has de tener en cuenta la edad de los pequeños y sus características, además de la competición que van a jugar

   - Hay que definir el objetivo final o punto de llegada. Por ejemplo, que todos los niños acaben la temporada dominando determinados fundamentos del juego, conseguir desarrollar el valor del equipo, etc.

   - Tienes que decidir lo que vas a hacer durante el recorrido entre el punto de partida y el de llegada. Antes que nada necesitas saber los medios materiales que tienes a tu disposición (balones, campo, etc.) Luego pondrás encima de la mesa los contenidos que vas a enseñar, tanto deportivos como de valores; los métodos de enseñanza que vas a aplicar, el número de sesiones que necesitas, o que te conceden, y la duración de las mismas; y los controles que vas a llevar a cabo para realizar correcciones señalando cuándo y cómo se deben hacer

- Hay que llevar a cabo un par de evaluaciones a lo largo de la temporada. Lo ideal es hacer una en Navidades y otra al final de esta. La primera para ver cómo está yendo todo y así reafirmarnos en lo que estamos haciendo o reconducir la situación para mejorarla. La segunda para evaluar el resultado final de la temporada analizando si se ha cumplido o no con el objetivo y la eficiencia global del sistema de trabajo empleado

Cuando sabes de dónde partes, a dónde vas y lo que tienes que hacer durante el camino, estás en una posición idónea para programar la temporada. Lo que vas a hacer es simplemente distribuir el trabajo en el tiempo.

La programación anual será el punto de partida y te dará una visión global de la temporada. Se pondrá encima de la mesa toda la información de que dispones y que utilizarás a lo largo de la misma.

La programación por periodos parcela la temporada en diferentes etapas, en las cuales enseñas una serie de contenidos con un objetivo específico para cada intervalo de tiempo. Pueden abarcar uno o varios meses, periodos comprendidos desde el inicio de la actividad hasta las vacaciones de Navidad, desde Navidad a Semana Santa, o desde Semana Santa hasta el final de las clases.

La programación semanal divide cada periodo en semanas poniendo un objetivo a cada una de ellas, de manera que cuando preparas el trabajo de una tienes en cuenta el programa del periodo al que pertenece y el objetivo específico a cumplir. Es, por tanto, una programación más concreta que la anual y por intervalos, especificando los días que se va a trabajar y lo que se hará en cada uno de ellos.

Cuando preparas una sesión de entrenamiento (programación diaria) tienes que tener en cuenta la semana a la que pertenece y el objetivo de la misma.

Para finalizar el tema del desarrollo deportivo me gustaría decirte algo importante. En la mayoría de los casos los niños te llegarán de manera voluntaria con una motivación muy definida: jugar y divertirse. No debes olvidar esto nunca, especialmente si vas a trabajar en las primeras etapas de su formación.

Te voy a contar una vivencia personal de mi etapa en el Real Madrid trabajando con Zeljko Obradovic. Cuando hacíamos un viaje muy largo en el que el equipo había estado metido en un avión o en un autobús muchas horas, íbamos directamente al campo de juego. Los jugadores llegaban cansados y sin muchas ganas de entrenar. Movilizar esos cuerpos tan grandes que habían estado encogidos tantas horas costaba mucho mental y físicamente. Entonces iniciábamos el calentamiento con un par de juegos, especialmente «el pillar» realizado con un balón. No te puedes imaginar cómo les divertía ese juego y cómo corrían. Zeljko decía: «son como niños. Les das el balón y corren como locos».

Si los hubiéramos puesto a hacer una rueda de calentamiento con entradas y tiros hubieran ido despacio y con cierta desgana. En cambio un juego los reactivaba. Si esto ocurre con gente adulta imagínate con niños y jóvenes.

En resumen, nunca les quites el juego, nunca les quites su motivación por jugar.

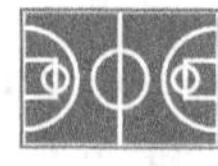

LAS HABILIDADES PARA EL DESARROLLO PERSONAL

Supongo que conoces la figura de Aíto García Reneses, un entrenador profesional que lo ha sido todo, con una gran experiencia y que siempre ha ido por delante de todos como innovador en el mundo del baloncesto.

Con motivo de la Copa del Rey que se jugó en La Coruña, le hicieron una entrevista durante la cual le preguntaron: «¿quién es el mejor entrenador?» Atentos a su respuesta: «cualquiera que trabaje con niños y mayores pero que los motive, los enseñe a mejorar su técnica y también su comportamiento».

Imagina un colegio que tiene un equipo de chicos de catorce años. Uno de ellos destaca del resto por sus habilidades. Hay otro que cada vez que juega lucha y pelea cada balón. El entrenador premia al primero con muchos minutos y al segundo lo saca poco. El primero, si va alguna vez al banquillo, es recibido por su entrenador con afecto dándole la mano. Cuando regresa el segundo es ignorado.

Piensa en un partido de este mismo equipo en el que el chico luchador hace un tiro que no le gusta a su entrenador. Este, automáticamente, lo manda al banquillo. Unos minutos después el más destacado hace el mismo tiro que hizo su compañero. En este caso el entrenador dice: «buen tiro, la próxima entra».

Imagina otra situación en ese mismo partido. El chico destacado se encara con un compañero porque no le ha pasado el balón. El entrenador sienta al segundo y deja al primero en cancha.

Imagínate un partido en el que todos los chicos llegan a la hora convenida menos el destacado que llega diez minutos tarde. El entrenador lo pone a jugar de titular y los mismos minutos de siempre.

¿Crees que estas decisiones transmiten algún tipo de valor?

Por el contrario ¿te imaginas al mismo entrenador dando más minutos al chico que se esfuerza? ¿Tratando de igual modo a todos los del equipo cuando cometen los mismos aciertos o errores? ¿Actuando de la misma manera con todos los miembros del equipo cuando tienen problemas de mala actitud hacia el resto? ¿No dejando jugar o sentando en el banquillo al chico destacado que llegó tarde, a pesar de que ello pueda afectar al resultado del equipo?

¿No crees que estas decisiones del entrenador sí transmiten valores?

Voy a ir un poco más lejos y te contaré varias experiencias, en unos casos vividas personalmente y en otros escuchadas de terceras persona.

La primera experiencia es personal. Tuve un jugador adolescente cuyo padre me pidió ayuda para reconducir los malos resultados académicos de su hijo. Tras una charla individual con el chico llegamos a unos acuerdos personales para cumplir con unos objetivos, especialmente basados en un mayor interés por el estudio, en la mejora de su comportamiento en clase y de su actitud con el profesorado con el que tenía problemas. Pasado un tiempo, en la siguiente evaluación el chico vino a verme y me dijo que había aprobado todo e hizo especial mención al cambio radical que había tenido el profesorado con respecto a él. Esto perduró en el tiempo y él terminó aprobando el curso.

Una segunda experiencia me llegó de un ex jugador y amigo mío. Recientemente me contaba el caso de una niña de primaria, poco hábil físicamente y con importantes problemas personales, que se apuntó a baloncesto con la ilusión de jugar con sus compañeras. Como responsable de toda la actividad del colegio mi amigo buscó entre los entrenadores del centro a la persona más adecuada para integrar a la niña en un equipo caracterizado por sus habilidades deportivas y su capacidad para competir. Cuando lo encontró le hizo ver el reto que significaba ayudar a la pequeña utilizando la actividad para conseguir su integración en el grupo.

De esta experiencia aprendieron todos: el entrenador, las niñas y los padres. Ella mejoró su psicomotricidad y el concepto de sí misma. Pero lo más impactante fueron las relaciones que se establecieron en el equipo. Las más guapas, las más listas, las más hábiles arropaban a esa niña durante los entrenamientos y en los partidos. Especialmente en estos últimos, donde entendieron que para ayudarla todas tenían que esforzarse más. Cuando jugaban en ataque tenían que pasarle una vez y, de *motu propio* establecieron una palabra como señal para que esa niña protegiese el balón mientras el resto le daba una opción de pase.

Con el tiempo, el apoyo del grupo no se limitó únicamente a la cancha sino que también se amplió fuera, saliendo juntas al cine, ver el baloncesto, etc. Tanta fue la ayuda que se le proporcionó que ella incluso cambió su manera de vestir. En muchos casos una niña así habría quedado aislada o fuera del grupo pero con el baloncesto se llevó a cabo un auténtico trabajo social de apoyo al más débil, al más necesitado.

Una tercera experiencia sucedió en Islandia y fue recogida por el diario El País. Islandia se encontró con un grave problema que afectaba a sus jóvenes. Hace veinte años, los jóvenes islandeses eran los que más se drogaban de toda Europa mientras ahora encabezan el *ranking* de hábitos saludables. En el año 1998 el 42% de los adolescentes consumía alcohol, el 17% cannabis y el 23% tabaco. En el 2016 solo un 5% tomaba alcohol, un 7% cannabis y un 3% tabaco. Además se consiguió que los jóvenes pasaran más tiempo en familia y tuvieran mejores resultados académicos

¿Cómo se consiguió este cambio? Sustituyeron las charlas antidrogas por una legislación más estricta, fomentado y becando las actividades extraescolares, entre otras medidas. El plan es conocido como «JUVENTUD» en Islandia y está basado en que el deporte y el arte pueden generar en el cerebro un «subidón» similar al de las drogas.

Este relato continua ratificando la importancia que pueden tener el baloncesto y el deporte en general como herramientas para construir un mundo mejor ayudando a nuestros jóvenes a crecer, formarse y hacer frente a sus problemas.

Volvamos a la entrevista de Aíto García. Cuando él hablaba de «comportamientos» se estaba refiriendo a los valores. Para que puedas desempeñar con efectividad tu cometido de formar, además de las habilidades dirigidas al terreno deportivo deberías desarrollar unas habilidades dirigidas al terreno personal. Estas podrían ser:

1. Educa siempre que el niño esté bajo tu responsabilidad. No te quites de encima la labor formativa y educativa. Mientras el niño está en tu actividad tienes que ser responsable de todo lo que él haga y diga. Delegar la enseñanza del buen comportamiento y el cumplimiento de las normas solo en los padres y al colegio es una forma fácil de quitarte de en medio y de transmitirle al niño que no tienes autoridad.

2. Da importancia a la persona por encima de todo, luego al deportista y en último lugar a la competición. Te debe interesar menos el deporte y más el deportista. Nunca valores a los niños por su nivel deportivo.

3. Establece límites. En toda la actividad deportiva tienes que establecer unos límites, reglas y normas de comportamiento diciendo a los niños lo que se espera de ellos. A pesar de que no lo creas, al niño le encantan las normas, aunque también le guste desafiarlas. Muchas veces la falta de límites es entendida por él como una falta de interés de su entrenador. No dejes que haga lo que quiera porque se sentirá desprotegido. Estará en manos de sus compañeros más fuertes y se dejará llevar por miedo a enfrentarse a ellos.

4. Crea una atmósfera de cariño y afecto. Los niños están inmersos en un mundo en el que lo afectivo invade todo lo que los rodea; por tanto, será más fácil que adquieran unos buenos valores si logras que vivan en un entorno tranquilo y afectivo, donde se sientan queridos. El entorno deportivo y la familia tienen que trabajar conjunta y coordinadamente para conseguir que los valores se consoliden. La cercanía, los gestos, los abrazos, el golpeo de las manos, las sonrisas y la complicidad son el elemento central de cualquier relación afectiva y emocional segura: foméntalos.

5. Cuida tu comportamiento y tu lenguaje. No fumes ni bebas delante de los niños. Debes partir de la idea de que ellos no tienen consciencia de los valores; somos los adultos quienes les hacemos vivir con unos valores determinados, como cómo ser educados y respetar a los mayores, por ejemplo. Tú, que vas a pasar tantas horas con ellos, tienes una gran responsabilidad porque en la mayoría de los casos eres un modelo a imitar. Por lo tanto tienes que cuidar mucho lo que dices, y especialmente lo que haces. Debes ser un ejemplo de comportamiento con tus actos, no con tus palabras. Todo lo que hagas puede marcarlos como personas.

6. Evita dejar a nadie fuera de la actividad por razones de nivel deportivo, sexo, u otras. Debes permitir a todos aquellos que quieran participar que lo hagan.

7. Respeta a todo el mundo y sé un modelo de educación y buenas maneras.

8. Ayuda a tus niños a ser mejores personas empleando el baloncesto para transmitir valores y exigir comportamientos adecuados. Para ello es importante que te adaptes a su edad o a su momento evolutivo.

9. Entrena los valores. Como cualquier habilidad del baloncesto, las buenas actitudes y los buenos comportamientos han de ser cuidados, repetidos y trabajados a diario hasta que logres un hábito. Para que ese entrenamiento dé frutos y consigas que los niños los asimilen debes:
   - Programarlos con anterioridad, que aparezcan de forma explícita en cada sesión de entrenamiento. Planificarás y programarás los valores que vas a fomentar durante la temporada. Los dividirás por periodos de tiempo más o menos largos (semana en la que enseñarás a tener orden o mes en el que enseñarás a desarrollar el esfuerzo personal), llegando a cada sesión de entrenamiento o al partido con una idea clara acerca de lo que quieres transmitir. Visionar una película, cuyo argumento se base en un determinado valor, puede ayudarte a lanzar el mismo mensaje de una manera diferente y divertida
   - Trabajarlos con constancia y con continuidad. Imagina que durante varias sesiones das importancia a uno de ellos y luego, durante las sesiones posteriores te olvidas de él. Lo normal es que los niños piensen que no era tan relevante, cuando ni siquiera su en-

trenador-formador le da importancia. Es evidente que una falta de constancia en la educación de valores puede generar problemas en el aprendizaje de los mismos

- Prolongarlos en todos los espacios en los que puedas estar con el niño, ya sea el vestuario, la calle, etc. También deberían ser mantenidos en su casa; de ahí la importancia de estar en comunicación con los padres y hacerles partícipes de tu programa de baloncesto. Al final, entre todos estamos formando al joven. Debes tener en cuenta que, tras los periodos vacacionales o varios días seguidos sin actividad deportiva, el aprendizaje adquirido desciende notablemente y es necesario reforzar lo enseñado con anterioridad

10. Pon los valores a jugar. Además de establecer un valor como meta en un partido, debes estar muy atento para aprovechar la cantidad de situaciones y oportunidades que te proporcionará el encuentro para educar adecuadamente y conseguir tus objetivos en el terreno personal. No vas a disponer de mejor herramienta para educar y formar que el día del partido.

11. Escucha. Es una habilidad fundamental para que haya comunicación. Debes escuchar con comprensión y cuidado, dejando claro que estás atento a lo que te dicen, sin interrumpir, asintiendo con la cabeza y trasmitiendo que les estamos entendiendo.

12. Corrige los malos comportamientos. Es evidente que vas a tener que enfrentarte a situaciones que deberás corregir y en algunos casos llegarás a la conclusión de que tienes que castigar una mala actitud. En este caso te voy a dar algunos consejos:

- Hazlo inmediatamente cuando se produzca el hecho, siempre siendo proporcionado y ajustado a la edad del niño. Ten en cuenta que en muchas ocasiones los malos o inadecuados comportamientos son formas de llamar la atención. Corregir a tiempo y de forma correcta es la mejor forma que tienes para decir que te interesa. Mirar para otro lado y obviar la mala conducta te desautoriza frente al niño que pensará que no te preocupa lo más mínimo

- Hazlo con respeto. Cuando trates de corregir una actitud actúa con respeto indicando lo que quieres que haga una o dos veces y, si no hay respuesta, haz algo para solucionarlo. Repetir y repetir una corrección hablando, sin hacer nada, no conseguirá que el niño entienda mejor el mensaje y puede ocasionar tu pérdida de autoridad y credibilidad

- Comunica en voz baja. Cuando lo llames para corregirlo, levanta la voz para llamar su atención y que vaya hacia ti. Cuando lo tengas a tu lado y le corrijas, comunica tu mensaje en voz baja y con respeto. Hay entrenadores que usan el grito como norma. Con el tiempo el niño se acostumbra a ello y ya no tendrá efecto alguno, además de que puede causar en él temor, nervios, reacciones agresivas, vergüenza y baja autoestima

- Dialoga fuera de la actividad. Algunas veces hablar con tranquilidad fuera de la actividad puede ayudar mucho a la corrección de los comportamientos incorrectos

- Utiliza el castigo, pero recuerda siempre que debe ser un recurso inteligente, equilibrado, eficaz y para usar cuando no disponemos de otra alternativa mejor. Si existe una opción más adecuada opta por ella, si decides castigar, hazlo con equilibrio emocional, con respeto, con un razonamiento sólido y proporcional a la falta. El niño tiene que entender el error que ha cometido y el porqué de su castigo de manera que aprenda del mismo

Evita actuar en caliente. Date tiempo y espacio para tranquilizarte y hablar con calma. Actuar encorajinado, en estado irascible o enfadado evita un razonamiento adecuado ocasionando lo peor de todo: que el niño no aprenda nada de su error

El modo en que te enfrentes a cualquier problema tendrá influencia en su aprendizaje ya que los niños lo hacen todo por observación. Muy posiblemente aprendan de ti a manejar y resolver los conflictos que vayan surgiendo a lo largo de su proceso de formación

Sé educado y equilibrado cuando uses el castigo evitando la emocionalidad y el enfado, aunque a veces sea difícil. La intensidad del castigo nunca puede depender de la proporción de tu enfado

- Solicita ayuda a tu director deportivo o a la dirección del colegio para que te echen una mano si no sabes qué hacer ante un problema grave

13. Preocúpate por sus estudios. Estos son fundamentales para él y para sus padres, por lo que debes disponer de un plan de actuación para que la actividad deportiva sea complementaria a la labor docente y no interfiera en ella. Entre otras cosas puedes:
    - Ayudar al niño en su labor académica entendiendo y apoyándole durante los periodos estresantes de exámenes
    - Recuperar el tiempo perdido en aquellos otros periodos donde la presión académica sea menor

- Apoyar a las familias utilizando la actividad deportiva como acicate para mejorar el rendimiento académico. Evitar utilizar el cese de la actividad deportiva como amenaza para conseguir resultado

***

¿Cuáles son los valores que debes transmitir? ¿Cuáles son las actitudes y comportamientos que tienes que desarrollar?

Permíteme que te haga un comentario previo. Somos muchos los que defendemos que nuestra sociedad está pasando actualmente por una crisis de valores, un momento donde determinados comportamientos han quedado como algo del pasado. Cuando era pequeño mis padres me transmitieron la importancia de ser educado, de saludar a las personas, de ceder el paso al entrar en un lugar o mi asiento a una persona mayor, de hablar bien, de respetar a los demás.

En respuesta a esta problemática se ha empezado a hablar de los valores. Políticos, empresas y asociaciones hablan de ellos como referentes personales o de la organización a la que representan. Se nombran y se definen como si se tratara de una campaña de marketing más, aprovechando que se han puesto de moda. Pero es evidente que si no se pasa de la palabra a los hechos todo quedará en algo bonito pero poco eficiente.

En resumen, ten claro que los valores, los buenos comportamientos, se transmiten a los más jóvenes con hechos y no con palabras. Sé un modelo de comportamiento y no un portavoz de frases bonitas.

No soy ningún especialista en el tema pero quiero trasladarte lo que para mí es absolutamente básico desarrollar durante el proceso de formación de nuestros jóvenes jugadores. Digamos que son herramientas personales que no pueden faltar en tu «kit» de entrenador-formador.

Si en el baloncesto los fundamentos individuales son la base del juego, la educación y las buenas maneras, y el respeto lo son de la persona. Sobre estos pilares se puede construir un sólido edificio personal. Lo vamos a analizar a continuación:

1. La educación y las buenas maneras. Enseña a pedir las cosas por favor, a pedir perdón, a dar las gracias, a saludarte, a saludar a los compañeros y a las personas adultas con las que se encuentren, a no interrumpir a los mayores cuando están hablando, a evitar el insulto y las palabras fuertes, entre otros.

2. El respeto:
    *   A las normas de equipo: enséñales a respetar aquellas reglas que van a dar orden al equipo (puntualidad, asistencia, etc.); y a las normas de juego: enseña a respetar las reglas (juego limpio), a evitar los comportamientos antideportivos y a desarrollar la educación, tanto cuando se pierde como cuando se gana, a aceptar los errores arbitrales como algo inherente al juego, a felicitar a los ganadores, a priorizar el estado de un rival tras un percance o una lesión antes que sacar provecho de ello, a aceptar la infracción cometida sin intentar engañar al árbitro, etc.
    *   A uno mismo: enséñales a ser sinceros, honestos, íntegros y coherentes
    *   Y a los que nos rodean: al colegio: enséñales a amar y respetar a su colegio; a los miembros del propio equipo: a valorar y aceptar a cada compañero y a entender las diferencias de cada uno. A convivir con aquellos que juegan mejor o peor, que piensan diferente, que tienen formas de ser distintas, que pertenecen a otra raza o religión o a otro país o cultura;

a los miembros del equipo rival. Enséñales a ver a los rivales como niños que tienen sus mismas ilusiones y que se esfuerzan como ellos. A tratarlos como a ellos les gustaría que los tratasen. A actuar deportivamente en todo momento pidiendo perdón si se ha hecho un daño dentro del propio juego, ayudándolos cuando se caen, dándoles la mano antes y después del partido, etc. Y si se da el caso, a respetar la inferioridad del rival sin llegar al menosprecio; a los padres rivales; a los entrenadores rivales; al árbitro

3. El orden:
   - De las cosas. Dirígelos a vencer la tendencia al desorden. Por ejemplo: antes del entrenamiento obliga a que vayan a buscar el material que se va a emplear, y tras el mismo a que lo recojan
   - En la distribución del tiempo. Ayúdalos a entender y diferenciar los diferentes momentos de la actividad. Por ejemplo: el momento de calentar, el de trabajar, el de beber agua y tomar un respiro, y el de estirar

4. La disciplina vista como obediencia a una autoridad. Impón disciplina en la actividad. El niño necesita a alguien que dicte las normas a seguir. Esta le aporta seguridad y sensación de estabilidad.

5. El esfuerzo. Es fundamental su desarrollo durante toda la etapa de formación. Es nuestra obligación ayudarlos a entender la importancia de la cultura del esfuerzo por encima del talento heredado.

   La motivación es clave para que haya esfuerzo. Si no hay un motivo nadie se mueve. Tienes que identificar lo que incentiva a cada niño en cada una de las etapas para que se esfuerce. Cuando hablo del esfuerzo también estoy hablando de lo siguiente:

- Trabajo duro. Ayúdales a entender la importancia de trabajar haciendo las cosas bien, para conseguir todo aquello que se propongan
- Fuerza de voluntad. Que entiendan la importancia de esforzarse en cada actividad incluso cuando no hay motivación
- Afán de superación. Que no se conformen con lo que hacen o son. Que busquen siempre alcanzar el máximo de su potencial
- Capacidad de sacrificio. Que se esfuercen para ayudar al equipo
- Capacidad de lucha, de darlo todo en todo momento. Enséñales a mantener el esfuerzo y a no rendirse ante situaciones adversas, a luchar y entregarse hasta el final
- Persistencia-perseverancia. Ayúdalos a entender la importancia de ser constantes, de insistir e insistir, hasta lograr el objetivo
- Resiliencia. Que entiendan la importancia que tiene hacer frente y superar cualquier adversidad

6. El espíritu de equipo:
    - Participación de todos. Ayúdalos a sentirse parte del equipo, miembros orgullosos de pertenecer a él. Promueve el sentido de la justicia dentro del mismo, el trato igualitario y que todos jueguen y tomen decisiones por igual
    - Responsabilidad. Enseña la importancia de que cada uno cumpla con su papel en el equipo
    - Cooperación-trabajo en equipo. Enséñales a colaborar unos con otros para conseguir un mismo fin
    - Compromiso con el grupo: Responsabilidad y lealtad. Que aprendan a cumplir con la obligación contraída de asistir a las actividades del equipo con independencia de su apetencia o no

- Que aprendan a tomar decisiones y a asumir las consecuencias de ellas ante quien corresponda en cada momento
- Que aprendan que sus acciones pueden afectar al resto, de manera positiva o negativa

- Compañerismo. Fomenta la armonía y ayuda mutua
- Comunicación. Enséñales a que valoren el esfuerzo de los compañeros, que los apoyen y animen cuando se equivocan y cuando aciertan
- Confianza. Favorece un clima donde se dé importancia a que todos confíen los unos en los otros hasta el punto de renunciar al «yo» por el «nosotros»

7. El autocontrol. Desarróllalo para ayudar al niño a vencer sus emociones, comportamientos y deseos.
   - Que practiquen la paciencia, esperando el momento en que se les dice que hagan una determinada acción
   - Que controlen sus reacciones ante situaciones difíciles
   - Que mantengan el orden y el espíritu de equipo, independientemente del resultado o de cualquier hecho que ocurra
   - Que reconozcan sus propios errores sin echar la culpa a los demás

8. La autoestima. Favorécela de diferentes maneras:
   - Evitando por encima de todo que su valor como persona dependa de un resultado deportivo
   - Cuidando mucho los comentarios y actitudes entre los compañeros de equipo. No permitir motes, faltas de respeto ni ninguna mala actitud entre ellos
   - No haciendo comparaciones con nadie. Cada niño es un ser único y diferente

- Corrigiendo siempre de manera positiva, animándolos, reforzando sus pequeñas mejoras
- Valorando siempre el esfuerzo por encima del talento natural y del resultado, sea un éxito o un fracaso. A mayor esfuerzo mayor logro y a mayor logro mayor autoestima
- En los entrenamientos:
  - Enseñando aquellas cosas en las que están realmente capacitados para aprender. Situaciones donde las posibilidades de éxito sean altas, respetando su ritmo de aprendizaje y sin pedirles mucho más de lo que puedan hacer en función de su edad
  - Ampliando los recursos técnicos que les permitan controlar las diferentes situaciones en las que te pone el juego
  - Preparando entrenamientos divertidos donde el juego sea importante, con ejercicios que se adapten a sus capacidades reales, situaciones de juego en las que el niño pueda aprender y tener sensaciones de manejarlo con cierto éxito
  - Enseñando que el error es parte del juego, que entrenan para reducir estos y que siempre son oportunidades para aprender

- En los partidos:
  - Marcando unos objetivos que tienen que cumplir de manera que al final de los mismos se valore más el logro de esos objetivos que el resultado
  - Destacando el comportamiento deportivo, el esfuerzo y el uso de los fundamentos aprendidos durante la semana por encima del resultado
  - Valorando las buenas decisiones por encima del resultado

- Jugando partidos contra equipos de nivel pareci-
do que eviten que uno de ellos sea vapuleado

9. La humildad. Ayúdalos a:
    • Reconocer sus propias limitaciones y debilidades
    • Comprender que no lo saben todo. Que puede apren-
    der de todo y de todos

Evidentemente, a todas estas herramientas que he enumerado se les pueden añadir muchas más, y tanto tú como
las instituciones a las que perteneces podréis introducir
otras nuevas que se ajusten mejor a vuestras necesidades.

Como ves, nuestro deporte te proporciona el entorno
ideal para que desarrolles las habilidades sociales, afectivas,
morales y éticas de tus jóvenes jugadores.

Si lo piensas bien, ninguna actividad escolar ofrece tantas posibilidades de transmitir valores como el baloncesto.
Imagina lo poco que puede hacer un profesor de Matemáticas en una clase con cuarenta niños. En cambio tú, en cada
entrenamiento tienes la posibilidad de generar condiciones
que se trasladen a los miembros de tu equipo. También el
partido te proporciona múltiples y variadas oportunidades
de transmitirlos por la gran riqueza de situaciones con las
que te vas a encontrar.

Pero recuerda que el baloncesto no es un generador
de valores en sí. Eres tú quien decide el valor pedagógico
del mismo. Lo quieras o no eres una pieza clave en el proceso educativo de tus jóvenes. A la par que transmites conocimientos físicos y técnicos, también te conviertes en un
modelo vital para ellos. Estás influyendo en su formación
humana. Con tu comportamiento y con tu actitud propagas
valores éticos y morales. Y ya sabes que mayor importancia
que tus palabras va a tener el modo en que te comportes.

EL ENTRENAMIENTO

El entrenamiento es una herramienta muy importante en manos del entrenador-formador. Es comparable a una clase en el ámbito docente.

Desde el punto de vista deportivo es un instrumento pensado para enseñar conocimientos, habilidades y capacidades con el objetivo de buscar el perfeccionamiento técnico-táctico, sacando lo mejor del niño y consiguiendo su máximo potencial, además de lograr que el grupo juegue como un equipo.

Desde el punto de vista personal es una herramienta perfecta para educar.

Hace tiempo me encontré con unas frases de dos americanos, uno entrenador y otro jugador, que me gustaron mucho. Ambas escondían un mensaje muy potente. La primera era de Tom Davis, entrenador de la Universidad de Iowa, quien afirmaba que *«el entrenamiento no nos hace perfectos sino que es el entrenamiento perfecto el que lo consigue».* El segundo era de Michael Jordan, la leyenda de los Chicago Bulls, quien decía que *«si entrenas ocho horas al día lanzando triples de la manera equivocada, te convertirás en el mejor del mundo tirando triples de la manera equivocada».*

Estas dos opiniones ayudan a entender que lo importante no es que se entrene mucho, sino que se entrene bien, que se enseñe correctamente, que mucho más importante que lo que se trabaje es cómo se trabaje. Este es el principal pilar sobre el que debe asentarse el entrenamiento deportivo.

Como entrenador-formador tienes la obligación de utilizar el entrenamiento para conseguir que los niños se beneficien de él de diferentes maneras.

En primer lugar, haciendo que se diviertan. Como muy bien sabes, el juego es el medio a través del cual los chavales disfrutan, experimentan y aprenden. Su principal motivación es pasárselo bien y jugar con sus amigos o compañeros. Si además entiendes que ellos son los verdaderos protagonistas de la actividad, resulta evidente que debes tener en cuenta sus necesidades y potenciar el carácter lúdico del entrenamiento.

En segundo lugar, ayudándolos en su desarrollo personal utilizando el entrenamiento como herramienta educativa y formativa. Para ello establecerás unas normas básicas que hagan de la sesión un modelo de educación y respeto, creando las condiciones adecuadas para que se establezcan vínculos afectivos y relaciones profundas.

En tercer lugar, enseñándoles a jugar y entender el baloncesto. Con este propósito llevarás a cabo un proceso de enseñanza del juego que les permita aprender progresivamente la técnica (habilidades) y la táctica (transferencia de la técnica individual al juego).

Hay tres reglas fundamentales que los niños tienen que respetar en cualquier actividad de su equipo:

1. La asistencia obligatoria, que tiene mucho que ver con el desarrollo del compromiso y el respeto a todos los que participan en la actividad. Solo por decisión tuya, por motivos de salud o por asuntos familiares excepcionales se puede infringir esta regla.

2. La puntualidad, que tiene relación con el desarrollo del respeto a todos los integrantes del equipo. Hay que comenzar a la hora prevista siendo tú el principal ejemplo de ello. Se entiende que la actividad da inicio cuando to-

dos los niños entran en el vestuario y finaliza cuando todos salen del mismo.

3. El uso exclusivo de la equipación establecida, que se refiere al desarrollo del respeto a los demás miembros del equipo, a sus normas y al orden. No permitirás cintas de pelo, muñequeras, calentadores, guantes ni equipación que no sea la del equipo (calcetines incluidos).

Como entrenador-formador eres el encargado de preparar cada sesión de entrenamiento. La preparación es algo a lo que debes dedicar un buen tiempo para estar seguro de conseguir una sesión formativa y didáctica que cumpla con los objetivos que te hayas fijado y evite las pérdidas de tiempo.

Preparar la sesión de entrenamiento

Sea cual sea la edad de los niños, para preparar la sesión debes tener en cuenta:

1. Cuáles son los objetivos que te has marcado, tanto a nivel técnico como personal, sin olvidar la importancia de conseguirlos en un ambiente que potencie el juego. Este atrae, capta y fortalece el vínculo del niño con la actividad. Dicho en otras palabras, lo que quieres enseñar durante el entrenamiento.

   El objetivo técnico debe adaptarse a la edad de los niños y ser alcanzable. Además debe tener relación con lo que hayas entrenado anteriormente y con lo que vayas a enseñar de ahí en adelante. El objetivo personal debe centrarse en un valor que te hayas marcado como meta o en desarrollar un determinado comportamiento.

2. Qué es lo que vas a enseñar, es decir, los contenidos que vas a trabajar. Cuando quieras enseñar algo nuevo, hazlo siempre sobre la base de lo que enseñaste anteriormente. Esto ayudará a que el niño aprenda el nuevo contenido desde su conocimiento y experiencia previos.

    Puedes fomentar la búsqueda de información en Internet de la habilidad que se va a entrenar en la siguiente sesión. Este trabajo de investigación está en línea con la manera de aprender de las nuevas generaciones «digitales». Por ejemplo, si vas a enseñar a coger el rebote defensivo, los niños podrían buscar algún vídeo o información que les permita tener un conocimiento previo de esa habilidad antes de aprenderla y practicarla.

3. Cómo lo vas a enseñar. Los ejercicios y juegos más apropiados para trabajar los contenidos, que deben tener las siguientes características:
    - Ser divertidos. En las etapas iniciales, las sesiones serán pocas y cortas, y debes hacer que los niños jueguen y se diviertan, convirtiéndose en los protagonistas del juego
    - Sencillez para que se concentren mejor en el objetivo del ejercicio
    - Variedad, de manera que mantengas la curiosidad y la motivación altas
    - Que estén relacionados entre sí, en el orden adecuado, para conseguir el objetivo propuesto
    - Que sean competitivos; no abuses de ellos en las primeras etapas
    - Que tengan una duración adecuada: lo suficientemente como para que los niños tengan tiempo de asimilar el contenido, pero teniendo en cuenta que si se prolongan en exceso eso puede incidir negativamente en su concentración y motivación

- Que sean muy participativos, empleando toda la creatividad posible para que ningún niño esté parado. Evita que tengan que hacer largas colas
- Que combinen el mayor número de fundamentos posible, aunque pongas el énfasis en uno solamente
- Realismo, que formen parte de la situación real de juego que quieres desarrollar
- Que tengan un grado de dificultad adecuado a su nivel de juego y a su edad de manera que puedan controlarlos
- Que mejoren sus habilidades técnicas, de modo que cuenten con más recursos para controlar los problemas que el juego les plantee

4. En qué orden lo vas a hacer, esto es, la planificación y la programación del trabajo:
    - La secuencia de los ejercicios
    - La duración, las repeticiones y los posibles ajustes de los mismos
    - Los grupos de trabajo que se formarán en cada uno de ellos (parejas, tríos, cuartetos y quintetos), intentando siempre que sean equilibrados

5. Las situaciones tácticas de juego que obliguen a los niños a realizar un trabajo mental que contribuya a desarrollar su capacidad de comprender el juego. Esto lo entenderás mejor cuando leas el capítulo dedicado a este tema.

6. El material disponible: el campo del que dispones, el número de niños, canastas, balones, petos, conos, etc. Aprovecha al máximo los medios con los que cuentas y encuentra soluciones imaginativas cuando carezcas de estos.

Si dispones de muchos medios debes emplearlos al máximo. Si tienes cuatro canastas usa las cuatro, no dos. Si tienes el campo entero, úsalo, no trabajes en medio campo. Si tienes un balón por niño, que todos estén utilizándolo. Si, por el contrario, los recursos son escasos, suple estas carencias con imaginación. Si tienes pocos balones, trabaja por grupos con acciones muy cortas de cada individuo o usa circuitos que sean dinámicos y atractivos (y no colocar a los niños en una fila única esperando su turno para participar). Si tienes campo dos días a la semana y necesitas un tercer día, entrena en un espacio sin canastas (una pared, un frontón o un espacio pequeño) y plantea un trabajo que no las necesite, ya sea botando, pasando o realizando gestos de tiro

7. Optimiza el tiempo disponible:
    - Llevando una ficha escrita donde aparezca programada la sesión: tiempo de trabajo, de recuperación, para ir a hidratarse o ir al baño, entre otros
    - Reduciendo el tiempo de intervención para presentar cada habilidad o ejercicio con claridad y concisión
    - Preparando una actividad donde todos los niños estén activos

8. Las fases del entrenamiento. En general divídelo en tres:
    - Una inicial, que prepare al niño física y mentalmente para el trabajo más intenso que se llevará a cabo en la siguiente fase
    - Una central, donde desarrollarás el contenido principal de la sesión y que exigirá un esfuerzo mayor
    - Una final, donde paulatinamente irás reduciendo la intensidad física y mental. Sería muy bueno que terminases con un ejercicio que permita al equipo irse con buenas sensaciones

9. El papel de los dos capitanes del equipo. Debes elegirlos y dotarlos de una serie de responsabilidades que tendrán que desarrollar en los entrenamientos. Por ejemplo:

    - Colocar y distribuir el material al comienzo del entrenamiento, así como recogerlo al final del mismo
    - Asumir el papel de árbitros durante los «partidillos»
    - Dirigir el calentamiento al comienzo o los estiramientos al final
    - Explicar un ejercicio o una habilidad individual o de equipo
    - Ayudar a un compañero que tiene problemas en su juego o con su actitud

    Puedes darles cualquier otro cometido que creas importante para ayudarlos a desarrollar sus capacidades personales. Esta figura irá cambiando cada semana de manera que todos los niños lleguen a ser capitanes varias veces a lo largo de la temporada asumiendo su rol dentro del equipo. De esta manera impulsaremos el espíritu de equipo (la responsabilidad dentro del grupo) y la cooperación.

10. Cuando te dirijas a la actividad lee o repasa mentalmente los aspectos más importantes de tu tarea:

    - Educar al niño mientras está bajo tu responsabilidad
    - Da importancia al cumplimiento de las reglas básicas del entrenamiento (asistencia obligatoria, puntualidad y uso exclusivo de la equipación establecida para la actividad)
    - Concede importancia al respeto de las normas de conducta que son parte fundamental de tu programa

- Valora a la persona por encima de todo, luego al deportista y en último lugar a la competición. Nunca valores a los niños por su nivel deportivo. Recuerda siempre que estás formando niños y no entrenando jugadores

11. A la llegada del niño a la actividad tiene que saludaros a ti y a sus compañeros, dando la mano o chocándola, así como dar las buenas tardes o los buenos días. Así desarrollas la buena educación y las buenas maneras. Seguidamente irá al vestuario y dejará sus pertenencias organizadas en una taquilla o en una percha o en el espacio que se decida si no se dispone de él. De esta manera promueves el orden en la actividad.

12. Antes de comenzar la sesión y siempre que estén todos los niños presentes, llama al equipo y haz que todos esprinten hacia donde estás, momento que aprovecharás para dar tus instrucciones. Mientras las das asegúrate de que nadie bota el balón ya que eso dificulta la atención del grupo.

Gestionar la sesión de entrenamiento

1. Comiénzala con un buen calentamiento (fase inicial) aunque irás aumentando la intensidad progresivamente. Te aconsejo que en esta fase utilices ejercicios de técnica individual, y que todos los niños tengan un balón.

2. Genera el entorno idóneo para aprender. Esto es fundamental para el aprendizaje y lo puedes conseguir de la siguiente manera:

- Intentando que el tiempo que dure la actividad sea lo más agradable, sano, afectivo, positivo, constructivo y divertido posible, donde la educación y el respeto sean la base
- Tratando a todos los niños siempre con respeto y cariño
- Enseñándoles a convivir con sus errores y a aprender de ellos. Que entiendan que es parte del juego, que entrenan para reducirlos y que cada uno de ellos es una oportunidad para aprender y una parte importante de su proceso formativo
- Fijándote y destacando sus mejoras reforzando sus avances, por pequeños que sean
- Teniendo paciencia cuando las cosas no salen y animándolos para que lo intenten de nuevo
- Usando un lenguaje que reafirme y valore el esfuerzo por hacer lo mejor posible el trabajo, más que los resultados que se consiguen
- Estimulando, motivando, dando refuerzos positivos de forma continua, y proporcionando experiencias que ellos puedan controlar

3. Comprende que cada niño tiene su propio ritmo de aprendizaje. Ayuda a cada uno respetando su propio ritmo, sin infravalorar a los que aprenden más despacio o con mayor dificultad, ni sobrevalorar a los que lo hacen más rápido.

4. Enseña aquellas cosas para las que están realmente capacitados a aprender. Usa situaciones de juego donde las posibilidades de éxito sean altas sin pedirles mucho más de lo que sean capaces de hacer en función de su edad.

5. Valora todas aquellas buenas decisiones que tomen durante el juego por encima del resultado final.

6. Sé exigente con aquellas cosas que has enseñado, pero nunca lo seas con las que no has transmitido.

7. Mantén un nivel alto de atención durante los entrenamientos. Permanece continuamente atento a todo lo que acontece durante la sesión, de manera que puedas adaptarte a las diferentes situaciones que se puedan dar en el transcurso de la misma. No hables por teléfono o mandes mensajes mientras entrenas. No comas ni fumes ni tengas distracciones con nada ni con nadie. Pon toda tu atención en tus niños; deben ser lo más importante para ti.

8. Posiciónate adecuadamente en el campo según los objetivos que persigas:
    - Fuera del campo, si quieres tener una visión de conjunto de la actividad
    - Dentro del campo, metido entre los niños, si quieres estar encima de lo que hacen, corrigiéndolos, motivándolos y reforzando sus acciones

9. Da instrucciones cortas, claras y precisas adaptando tu lenguaje al nivel de comprensión de los que te escuchan.

10. Estate atento a las respuestas que los niños dan a tus propuestas. Su entusiasmo y su atención por algunas de ellas o su desinterés por otras te deben hacer reflexionar sobre la efectividad o no de la sesión. Sin atención y motivación no se puede aprender y en ocasiones es inútil insistir en una lección que puede estar bien preparada, pero que en ese momento no suscita la curiosidad y el interés de los niños.

11. Usa el silbato para reunirlos de manera que los niños tengan que correr hacia ti y prestar la máxima atención. Aprovecha cada encuentro para definir el siguiente objetivo que tienen que conseguir, bien individualmente o como equipo.

12. Provoca que pongan su mente a trabajar pensando y reflexionando para resolver los problemas que el propio juego les genera (salvo en la etapa comprendida entre los seis y los ocho años), de manera que aprendan a tomar decisiones correctas y a comprender el juego. Busca, no solo que sepan utilizar las habilidades técnicas, sino que aprendan a transferirlas a situaciones reales de juego, tanto a nivel individual (táctica individual), como grupal (táctica colectiva) o de equipo (táctica de grupo).

13. El respeto y la educación tienen que estar presentes durante toda la actividad:
    - Cuando hables, todos deben permanecer quietos y callados manteniendo los balones sin botar y atentos a tus instrucciones
    - Si le preguntas a un niño, contestará obteniendo el respeto de todos; mientras hable no será interrumpido por nadie y será escuchado por todos
    - Cualquier petición que haga el niño debe ser solicitada con un «por favor» y una vez atendida o no, hay que dar las «gracias». Esto es extensivo a la relación con el formador o con cualquier adulto y entre los propios niños
    - Nadie abandona el campo sin el consentimiento del formador. Él decide cuándo se juega o se descansa, se practica o se escucha, se bebe agua, se va al baño, etc.
    - Pon mucho énfasis en la relación de los niños durante la actividad:

- Evita la falta de respeto hacia cualquier persona presente en la actividad
- No permitas las faltas de respeto entre ellos. Condena cualquier conducta que pueda ser considerada como abuso, acoso, o discriminación. También los motes, comentarios despectivos, etc.
- Enséñales a valorar y aceptar a todos los compañeros y a entender las diferencias de cada uno, a convivir con aquellos que juegan mejor o peor, que piensan de modo diferente, que tienen formas de ser distintas, que pertenecen a otra raza o religión, o a otro país o cultura. Siempre se trata de desarrollar el respeto a los que nos rodean
- El comportamiento deportivo tiene que ser ejemplar en todo momento. Por esta razón debes cortar de inmediato cualquier comportamiento que represente una pérdida de control, falta de respeto, deportividad, etc. que se produzca

14. Valora siempre el esfuerzo por encima del talento natural:
    - Potencia la capacidad de lucha y entrega y dar todo lo que pueden para hacer las cosas bien
    - Ayúdalos a superarse, a no conformarse con lo que hacen o son. Que busquen siempre alcanzar el máximo de su potencial
    - Ayúdalos a entender la importancia de ser constantes, de insistir e insistir, de perseverar hasta lograr el objetivo

15. Enséñales que sus buenas y sus malas decisiones, así como sus acciones, tanto deportivas como personales, pueden afectar al resto, de manera positiva o negativa.

16. Corrige de manera positiva e inmediata sus errores, tanto deportivos como de comportamiento. Tus correcciones deportivas tienen como objetivo subsanar lo que no ha salido bien y con ello mejorar. Las de mala actitud o mal comportamiento tienen como finalidad ayudarlos a ser mejores personas y mejores compañeros. En este caso la corrección ha de ser proporcionada y ajustada a la edad del niño. Te daré algunos consejos al respecto:

    - Corrige a tiempo. Ten en cuenta que en muchas ocasiones los comportamientos malos o inadecuados son formas de llamar la atención. Corregir a tiempo y de forma correcta es la mejor forma que tienes para decirle a un niño que te interesa. Mirar para otro lado y obviar la mala conducta te desautoriza frente al niño y le hace pensar que él no te importa

    - Hazlo con respeto. Cuando trates de corregir una actitud actúa con respeto indicando lo que quieres que el chico haga una o dos veces, y si no hay respuesta, haz algo para solucionarlo. Repetir y repetir una corrección hablando, sin hacer nada, no conseguirá que entienda mejor el mensaje y puede generarte falta de autoridad y credibilidad

    - Comunica en voz baja. Cuando le corrijas, levanta la voz para llamar su atención y que vaya hacia ti. Cuando lo tengas a tu lado, comunícale tu mensaje en voz baja y con respeto.

      Hay entrenadores que usan el grito como norma. Con el tiempo el niño se acostumbra y ya no tendrá efecto alguno, además de que esta forma de reprenderlo puede causarle temor, nervios, reacciones agresivas, vergüenza y baja autoestima

    - Dialoga fuera de la actividad. Algunas veces hacerlo con tranquilidad fuera del entrenamiento puede ayudarte mucho a corregir los comportamientos incorrectos

Es posible que una mala actitud te lleve a considerar la posibilidad de dar un toque de atención e incluso a imponer un castigo. En este caso debe ser un recurso inteligente, equilibrado, eficaz y a usar si no dispones de otra alternativa mejor.

Si decides castigar, hazlo con equilibrio emocional, con respeto, con un razonamiento sólido y proporcional al hecho acontecido. El niño tiene que entender el error que ha cometido y el porqué de su castigo de manera que aprenda del mismo.

Aunque a veces sea difícil ser educado y equilibrado, cuando uses el castigo evita la emocionalidad y el enfado. La intensidad del castigo nunca puede depender de la proporción de tu enfado.

La forma en que encares cualquier conflicto tendrá influencia en su aprendizaje ya que ellos lo hacen todo por observación. Muy posiblemente aprenderán de ti a manejar y resolver los conflictos que vayan surgiendo a lo largo de su proceso de formación.

Por lo tanto, evita actuar en caliente. Date tiempo y espacio para tranquilizarte y hablar con calma. Actuar desde un estado encorajinado, irascible o enfadado evita que se produzca un razonamiento adecuado y, lo peor de todo, el niño no aprenda nada de su error.

En el caso extremo de que no sepas qué hacer o el problema sea realmente grave, informa a tu director deportivo o a la dirección del colegio para que te ayuden.

17. Al finalizar la sesión:
  • Toca el silbato y reúne al equipo. Organiza la recogida del material utilizado de manera que tus niños dejen la instalación en perfecto estado para los que

vengan detrás. A continuación, deben correr hacia ti y realizar algún grito o acto colectivo y seguidamente ir todos juntos al vestuario

- El vestuario debe quedar organizado y limpio al final de la actividad, y nadie puede abandonarlo hasta que esto esté hecho
- Cuando los niños abandonan el recinto tienen la obligación de despedirse de ti y de sus compañeros
- En el último entrenamiento de la semana previo al partido hablarás con el equipo de:
  - La hora a la que deberán estar en el campo de juego cuando se juega en casa, y el lugar y la hora a la que saldrá el grupo en el caso de que se juegue fuera. Unos treinta minutos antes del partido, todos deberán estar preparados para comenzar el calentamiento. La puntualidad tiene mucho que ver con el valor del respeto. Cuando alguien llega tarde no está respetando ni a los compañeros ni al entrenador-formador. El que llega tarde no debería jugar, sea quien sea
  - La ingesta antes del partido (desayuno o comida). Enséñales lo que deben comer para tener «gasolina», como por ejemplo alimentos ricos en carbohidratos (arroz y pasta) y proteínas (yogures desnatados y pollo) que se digieran rápido. Si el partido es por la mañana, el desayuno debería ser ligero y tomarse dos horas antes del partido. Si es por la tarde, la comida debería finalizar cuatro horas antes del mismo
  - La equipación de juego con la que se va a jugar

- El uso del último entrenamiento de la semana para preparar el partido no tiene ningún sentido durante las primeras etapas de la formación. A partir de los quince años podrías plantearte usarlo para preparar tácticamente «algunos encuentros», los más competitivos, si crees honestamente que puede aportar al grupo una vivencia formativa. En este caso sería muy productivo que la decisión de la táctica de equipo fuese planificada con la participación de los jóvenes. Dales la oportunidad de pensar y reflexionar, de aportar algo en los aspectos tácticos ya que eso los ayudará a comprender el juego. Les hará sentirse partícipes de todo, y no solo «soldados» que cumplen las órdenes del oficial. Al final, cuando lleven a cabo la táctica planificada, estarán ejecutando «su» plan, el que juntos eligieron. En la mayoría de los casos responderán con más entusiasmo y motivación.

- Reflexiona sobre el trabajo recién finalizado. Analiza y evalúa si la sesión ha sido útil a la hora de cumplir con los objetivos que te marcaste antes de la misma, si los niños están aprendiendo y si estás reforzando su trabajo y su comportamiento adecuadamente.

- Haz de vez en cuando una autoevaluación que te permita conocer cómo entrenas y los cambios que deberías introducir para mejorar tu forma de entrenar. Realizada periódicamente puede ayudarte a perfeccionar tu método de trabajo y mejorar tu capacidad para enseñar. La opinión de otro entrenador-formador que te observe desde fuera puede ser una ayuda muy valiosa.

Como hemos visto anteriormente, el niño es un ser en evolución y, en consecuencia, el entrenamiento, o más específicamente la manera de entrenar y enseñar, no puede ser igual en cada etapa de formación. Por lo tanto, debemos hacer un esfuerzo para adaptar la manera de enseñar al momento en el que aprende.

Desgraciadamente, la influencia del deporte adulto lleva a que se entrene y se enseñe usando un método inadecuado e ineficaz. Muchos entrenadores imitan lo que hacen los profesionales y aplican ese modelo con los más pequeños adulterando el proceso de formación. No son conscientes de las diferencias entre ambos tipos de baloncesto. No saben cómo motivar a los niños porque no tienen en cuenta cómo son ellos en cada momento de su evolución. Desconocen que todavía no están formados en ningún aspecto.

¿Sabías por ejemplo que los niños, por el propio proceso de crecimiento, son más propensos que los adultos a las lesiones, sobre todo si el entrenamiento es de larga duración e intensidad alta?

¿Sabías que un entrenamiento inadecuado puede llevar a problemas como trastornos en la menstruación de las niñas, desequilibrios hormonales, reducción de las defensas del organismo frente a las infecciones, alteraciones en el proceso de crecimiento, lesiones óseas, trastornos en el ritmo cardíaco y respiratorio, hipertensión, palpitaciones, etc.?

¿Sabías que el niño cuando más crece es por la noche, por lo que un agotamiento físico excesivo puede afectarle a la hipófisis y como consecuencia a su crecimiento?

¿Sabías que entre los ocho y doce años un niño se encuentra en plena evolución de su desarrollo cardiovascular y que los ejercicios físicos de intensidad alta pueden provocarle taquicardias? ¿Y que el entrenamiento anaeróbico láctico puede generarle una hipertrofia en el miocardio?

Entrenar a un niño no es ninguna tontería. Entraña una gran responsabilidad y exige por nuestra parte un conocimiento de sus capacidades y limitaciones. En ningún caso debemos entrenar a los pequeños como adultos porque no lo son. Debemos tener cuidado de no dañarlos con entrenamientos que no se adaptan a sus necesidades y a sus capacidades.

Tanto el número de entrenamientos como su duración deben ir evolucionando durante el proceso de formación. Se comenzará en la etapa de los seis a los ocho años entrenando en dos sesiones a la semana de una hora, hasta llegar a entrenar tres sesiones de dos horas más un entrenamiento extra durante el fin de semana en la etapa de entre los dieciséis y los dieciocho años.

EL PARTIDO

El partido es otra herramienta muy importante en manos del entrenador-formador.

Para la preparación de este libro he leído mucho acerca de lo que los entrenadores americanos más exitosos postulaban y, cuanto más leía, más me llamaba la atención el que ninguno hablara de la victoria. ¿Cómo es posible que todos ellos hayan tenido tanto éxito en su carrera sin pensar en ganar?

Todos coincidían en que hablar de ganar o perder tiene un efecto negativo en el rendimiento del equipo. En cambio, enfocarse en el esfuerzo, la actitud, los hábitos, la disciplina, el entrenamiento y la concentración genera el caldo de cultivo necesario para la victoria. En otras palabras, la victoria es consecuencia de un proceso de mejora y por tanto hay que enfocar en él en lugar de hacerlo en el resultado final.

También estos grandes entrenadores están de acuerdo en que es muy importante cómo se gana y cómo se pierde. Uno de ellos, el famoso y exitoso entrenador americano de la Universidad de UCLA, Dean Smith, decía que *«obviamente, el objeto del partido es ganar. Sin embargo, insistimos mucho en que lo más importante es dar todo lo que eres capaz de dar».*

Y, por último, también coinciden en medir el éxito en función de cómo se hicieron aquellas cosas que eran importantes para el equipo y no de si se ganó o no. Muchas veces se pierde por pequeñas cosas que escapan a nuestro control: el talento o la experiencia del equipo, una lesión inoportuna, un error arbitral, la mala suerte o simplemente porque el rival ha jugado mejor.

John Wooden, entrenador americano de la Universidad de UCLA, ganó ¡diez campeonatos de la NCAA en doce temporadas!, siete de ellos consecutivos, con cuatro temporadas inmaculadas sin ninguna derrota y un récord de ochenta y ocho victorias encadenadas. Al ver estas cifras imagino que pensarás que Wooden fue un entrenador de éxito, un fuera de serie, y que consiguió todos esos resultados porque era un ganador. Pero lo curioso es que su idea del baloncesto no era muy diferente de su idea de la vida. Nunca entrenó a sus equipos para ganar; simplemente les enseñó a intentar prepararse para ser lo mejor que podían ser y el resultado llegó por sí solo. Y nos dejó una bonita definición de éxito que puede ayudarte a entender todo lo que vengo diciendo: *«Éxito es la tranquilidad que se obtiene como resultado de saber que has hecho todo el esfuerzo posible para llegar a ser lo mejor que puedes ser»*. También nos dejó otra en la que afirmaba que *«un buen resultado es haberlo hecho lo mejor posible»*.

¿No te parece curioso y enriquecedor?

Pensemos nuevamente en el niño y en su relación con la competición. No tengas la menor duda de que lo que él desea, por encima de todo, es disfrutar, divertirse, jugar y competir. Tú tienes el deber de hacerle sentir la competición como un juego donde el primer objetivo es pasárselo bien. Pero a la vez has de usar la competición como herramienta formativa del individuo.

La competición te ofrece una gran oportunidad para verificar y evaluar los progresos realizados en los entrenamientos. Podrás comprobar las habilidades adquiridas por tus niños a nivel técnico y su progresiva comprensión táctica del juego. Si el trabajo realizado ha sido el adecuado y les has enseñado principalmente a partir de la situación de juego, no sentirán un estrés especial y repetirán lo que han practicado. Estarán acostumbrados a jugar y a competir porque tendrán el hábito de hacerlo en cada sesión.

Debes marcarte como objetivo general la búsqueda del perfeccionamiento personal sacando lo mejor de cada niño y del equipo, para conseguir el máximo potencial de ambos.

En segundo lugar, el partido te proporciona una riqueza de situaciones ilimitadas y, por ende, un gran número de ocasiones y oportunidades de educar y formar en el terreno personal.

Eres tú quien decide el valor pedagógico de la competición. Puedes decidir usarla con un único fin, la victoria, e incluso utilizar los entrenamientos semanales, no para la mejora individual y colectiva, sino para ganar el partido del fin de semana. Puedes, por el contrario, utilizar el partido como una herramienta de formación deportiva y personal, siguiendo la misma línea que llevas a cabo durante toda la semana en tus entrenamientos. De esta manera, si consigues la victoria no será porque te la hayas planteado como un fin, sino porque vendrá como consecuencia de haber hecho bien las cosas.

Dean Smith afirmaba que «*a la hora de enseñar a mis jugadores, intenté siempre concentrarme más en el proceso que en el resultado. Creo que es la manera adecuada de enseñar. Si en el primer entrenamiento comienzas a hablar de la victoria, malo. Es mucho mejor hacerlo en la manera de ganar*».

No te engaño si te digo que la utilización del partido con fines formativos y estas ideas de que ganar es una consecuencia y no el único fin de la competición no resultan nada sencillas de aplicar. Te encontrarás con situaciones en las que estarás compitiendo contra equipos que harán absolutamente lo contrario, que solo querrán ganar y harán cualquier cosa para conseguirlo.

Como te dije antes, hay muchos que te verán como un bicho raro. Pensarán que no sabes lo que haces, que eres un tonto o un iluso. Incluso puede ocurrir que los propios padres de tus niños te culpen de las derrotas, pero eso será solo porque previamente no les habrás explicado lo que querías hacer y no habrás conseguido involucrarlos en tu pequeño proyecto: tu equipo.

Pero también quiero decirte que el tiempo te dará la razón. Estoy convencido de que cuando das, recibes, y que cuanto más das, más recibes también. Si haces las cosas bien, si entrenas bien sin quemar etapas, si tus niños mejoran día a día, sin querer, sin perseguirlo, conseguirás más éxitos que lo que tomaron «atajos» para lograrlo. En otras palabras, «*la victoria te vendrá, no porque te la hayas planteado como un fin, sino como consecuencia del proceso de aprendizaje, de haber hecho bien las cosas que se han trabajado*». Por eso es ahí, en el proceso, en donde te debes enfocar, en lugar de hacerlo en el resultado final.

Pero, aunque los resultados no llegaran, tienes un triunfo asegurado desde el momento en que estás intentando que los chicos den lo mejor de sí mismos mientras participas e influyes en su formación personal.

Como entrenador-formador dedica un tiempo a preparar el partido de manera que este se convierta de verdad en una actividad formativa y didáctica que cumpla con los objetivos que te hayas fijado.

Preparar el partido

1. Define el objetivo o los objetivos que te has marcado, tanto a nivel técnico como personal. En otras palabras, lo que quieres potenciar durante el partido.
    - El objetivo técnico debe adaptarse y ser alcanzable para ellos y ha de haberse trabajado previamente en los entrenamientos
    - Un objetivo personal. Considera la manera de poner en juego un valor que te hayas marcado como meta o un determinado comportamiento a desarrollar

    El objetivo del partido no es ganar, y así debes transmitírselo en todo momento a los niños. Sí lo es que ellos den lo mejor de sí a nivel individual y como equipo. Que pongan en juego todo aquello que les has enseñado hasta ahora. El partido es como un test, una herramienta para verificar y evaluar los progresos realizados en los entrenamientos.

2. Prepara las condiciones en las que se va a producir el partido. Tendrás en cuenta el número de niños con el que vas a contar, si el partido se juega en casa o fuera (con el consiguiente desplazamiento del equipo), el tiempo y el número de balones de que dispones para calentar, etc.

3. Organiza el equipo. Cómo vas a realizar los cambios, en qué orden, con qué criterio, con qué objetivo, etc. Esto tendrá una gran influencia a la hora de hacer equipo. El cómo uses el tiempo de juego definirá cuánto crees de verdad en tu equipo.

4. Define las responsabilidades de los capitanes del equipo durante la semana. Por ejemplo, uno podría tener competencias dentro del campo (capitán de juego) y otro en el banquillo (capitán de banquillo). De esta manera se desarrolla el espíritu de equipo (la responsabilidad dentro del grupo) y el respeto entre sus miembros.

5. Cuando te dirijas a la actividad lee o repasa mentalmente los aspectos más importantes de tu tarea:
    *   Educar a los niños mientras están bajo tu responsabilidad
    *   Dar importancia al cumplimiento de las reglas básicas del partido (asistencia obligatoria, puntualidad y uso exclusivo de la equipación establecida para la actividad)
    *   Dar importancia al respeto de las normas de conducta que son parte fundamental de tu programa
    *   Valorar a la persona por encima de todo, después al deportista y en último lugar a la competición. Nunca valores a los niños por su nivel deportivo. Recuerda siempre que estás formando niños, no dirigiendo jugadores

6. A la llegada del niño a la actividad tiene que saludaros a ti y a sus compañeros, dando la mano o chocando las mismas además de dar las buenas tardes o los buenos días. Seguidamente irá al vestuario y dejará sus pertenencias organizadas en una taquilla, en una percha o en el espacio que se decida si no se dispone de vestuario.

    Dedica un momento para hablar con los padres. En primer lugar, para darles las gracias por acudir, sobre todo si se han molestado en transportar a los niños del equipo. En segundo lugar para informarles de lo que el grupo ha estado haciendo durante la semana y de cuáles son los objetivos para el encuentro. Es una manera de centrar su atención, no en la victoria o en la derrota, en si su hijo juega mucho o poco, en si juega bien o mal, sino en la actuación del equipo para que así puedan valorar el esfuerzo de los niños por cumplir con los objetivos y ayudarlos a entender que el éxito está en que mejoren su rendimiento y se comporten con deportividad, independientemente de si se gana o se pierde.

7. Antes de comenzar el partido debes reunir al equipo donde puedas y prepararlo mentalmente para lo que va a poner en práctica:

- Explica los objetivos individuales y colectivos que se tienen que cumplir haciendo hincapié en el hecho de jugar juntos, como un equipo, con energía, intensidad, inteligencia y, sobre todo, divirtiéndose
- Si el equipo es de niños de entre ocho y catorce años les hablarás de las habilidades que se han trabajado durante la semana, enfocando tu atención en su uso durante el partido. Además, les recordarás el valor en el que se está trabajando
- Si el equipo es mayor, de chicos de quince años, les hablarás de la táctica que el grupo decidió llevar a cabo en el entrenamiento anterior al partido, si consideras este especial

Tras la reunión, obliga a que todos salgan juntos y permanezcan así hasta el comienzo del partido. Cuando entren en el campo a calentar deben ejecutar algún grito o acto colectivo con el objetivo de fomentar el espíritu de equipo. Seguidamente realizarán un calentamiento que los prepare física y técnicamente para el trabajo más intenso que se llevará a cabo en la competición. Este será similar al desarrollado en las sesiones de entrenamiento, incluyendo un tiempo para estirar.

Durante el mismo, los niños deben prepararse y practicar lo que harán en el partido: botar, pasar, recibir el balón, tirar, defender y rebotear. Puedes utilizar dos o tres juegos que uses en los entrenamientos para que trabajen todos estos fundamentos. Debes poner atención en que todos los niños hagan uso de la mayor cantidad de material posible y evitar las largas y tediosas filas en las que los niños tocan el balón cada cuarenta segundos.

En el minuto previo al comienzo del partido junta al equipo, da un breve mensaje y haz que vuelvan a realizar algún grito o acto colectivo que reafirme el compromiso y el espíritu de equipo.

Los niños que salgan a jugar darán la mano uno a uno a sus compañeros de banquillo y a ti, para seguidamente hacer lo mismo con los niños del otro equipo, con su formador y con el árbitro.

Gestionar el partido

1. Pon el máximo empeño en que se cumplan los objetivos que te hayas marcado a nivel deportivo y personal. Entre ellos debe estar que los niños demuestren su mejoría en las habilidades individuales que vinieran trabajando en los entrenamientos, que intenten dar lo mejor de ellos, y que el grupo, en su conjunto, también lo dé todo.

2. Toma decisiones respecto a la rotación de los niños. Esto tiene una relación directa con el espíritu de equipo. No encuentro ninguna razón para que en categorías de formación un niño regrese a casa y no se le haya dado la opción de jugar con sus compañeros. Es tu deber hacer que

todos participen, que se sientan parte del equipo, miembros orgullosos de pertenecer a él. Promueve el sentido de la justicia dentro del mismo, el trato igualitario y que todos jueguen y tomen decisiones sin restricción alguna. Presta a todos la misma atención, sea cual sea su nivel.

En etapas avanzadas, a partir de los quince años, puedes utilizar el tiempo de juego para desarrollar y premiar el esfuerzo y la actitud mostrada en los entrenamientos de la semana así como el buen rendimiento en los estudios.

A la hora de rotar a tus niños tienes dos opciones:

- Cambiar por cuartos. Ideal entre los ocho y los catorce años. Todos juegan lo mismo, por lo que fácilmente puedes saber lo que juega cada uno y ellos conocen de antemano cuándo van a entrar en cancha y cuánto tiempo estarán. A estas edades es importante que todos jueguen lo mismo, pero también lo es que participen activamente del mismo modo, pudiendo tomar decisiones y desarrollar sus iniciativas sin restricción alguna. Al final no solo es importante el tiempo que jueguen sino la calidad del juego. Estoy cansado de ver partidos donde los más hábiles acaparan el juego mientras los demás se mueven arriba y abajo sin tener experiencia alguna en el mismo.

- Realizar cambios individuales de un jugador por otro. Se puede introducir a partir de los quince años. Esto te permitirá mucha amplitud a la hora de decidir quién entra y cuándo, y te dará muchas combinaciones diferentes de niños en el campo. Por el contrario, es muy difícil llevar el control de los minutos de juego de cada uno. Recuerda siempre que el uso del tiempo tiene una incidencia enorme en el espíritu de equipo. Cuanto más te acerques a que todos jueguen el mismo tiempo, más cerca estarás del ideal. Además, debes hacer todo lo posible para que todos tus chicos tengan un rol en el equipo que les haga sentirse importantes.

3. Realiza ajustes en la táctica del equipo. En las edades comprendidas entre los ocho y los catorce años no debes realizar ajustes tácticos durante el partido, sino que más bien deberías enfocar tu atención en los objetivos que te marcaste antes del encuentro. Si haces demasiado énfasis en la táctica corres el riesgo de que no sea divertido para ellos.

    A partir de los quince años podrás hacer ajustes tácticos encaminados a hacer correctamente las cosas que se han entrenado.

4. Potencia y valora todo aquello que signifique sacrificarse y hacer cosas por ayudar al equipo y a los compañeros. Por ejemplo, el altruismo en el ataque o la generosidad y el esfuerzo en la defensa.

5. Genera un ambiente sano, afectivo, divertido, constructivo y positivo donde la educación y el respeto sean la base de todo. Esto lo puedes conseguir de la siguiente manera:
    - Haciendo que los niños sientan la competición como un juego donde se lo pasen bien mientras cumplen con los objetivos que se han establecido
    - Tratando a todos con respeto y cariño
    - Fijándote y destacando sus mejoras y reforzando sus avances por pequeños que sean
    - Valorando las buenas decisiones por encima de su resultado

- Teniendo paciencia y no desesperándote cuando las cosas que has entrenado no salen como esperabas y animándolos para que lo intenten de nuevo
- Usando un lenguaje que reafirme y valore el esfuerzo por hacer lo mejor posible las cosas que se trabajan en los entrenamientos, más que los resultados de sus acciones
- Estimulando, motivando y dando refuerzos de forma continua y positiva. Usa siempre comentarios positivos

6. Da instrucciones cortas, claras y precisas adaptando tu lenguaje al nivel de comprensión de los que te escuchan.

7. Trata adecuadamente los errores deportivos que se cometan:
   - No taches nunca de «error» algo que el niño desconoce; nunca exijas aquello que no has enseñado
   - Sé autocrítico y no creas que la culpa siempre es del niño. Piensa que cuando algo no se hace como quieres puede ser porque no lo has enseñado o porque no lo has transmitido de la manera correcta
   - Entiende que aquellos errores que se produzcan por una carencia de la técnica individual no los vas a solucionar durante el partido. Este no es el momento para enseñar habilidades y mucho menos lo que no hayas entrenado previamente. Toma nota de ellos y trabájalos en el siguiente entrenamiento
   - Corrige aquellos errores de situaciones o habilidades trabajadas en los entrenamientos empleando un tono de voz calmado, controlado y positivo. El objetivo debe ser subsanar lo que no ha salido bien y con ello mejorar.

Tu mensaje debe ser sencillo y conciso. Aprovecha para ello un parón o cambia al jugador a propósito y se lo explicas discretamente en la banda o en el banquillo. El niño es más receptivo a la corrección individual y así los otros niños siguen su actividad mientras corriges.

- En ningún caso des gritos a nadie por cometer un error. Recuerda en todo momento que estás educando, no jugando para quedar campeón

8. Promueve el respeto y la educación durante todo el partido:
   - Cuando hables todos deben permanecer quietos y atentos a tus instrucciones
   - Cualquier petición debe ser solicitada precedida de un «por favor», y una vez atendida, o no, hay que dar las «gracias». Esto es extensivo a la relación con el formador, con cualquier adulto y entre los propios niños
   - Nadie abandona el campo ni el banquillo sin consentimiento del formador. Él decide cuándo se juega o se descansa, se bebe agua, se va al baño, etc. De esta manera desarrollas el orden en la distribución del tiempo, además del respeto por la figura del formador
   - Los niños del otro equipo, su formador, sus padres y todas las personas presentes en la actividad deben ser respetados. Enseña a tus jugadores a ver a los rivales como niños que tienen sus mismas ilusiones y que se esfuerzan como ellos, a tratarlos como les gustaría que los tratasen a ellos
   - El respeto a las reglas del juego, el juego limpio y la deportividad deben ser premiados aunque haya ocasiones en las que hacerlo pueda perjudicarnos desde

el punto de vista competitivo. Hay que premiar actitudes como:

- Ayudar a un contrario que está caído o lesionado
- Parar el juego priorizando el estado físico de un rival tras un percance o una lesión, antes que sacar provecho de ello
- Pedir perdón por un golpe involuntario
- Reconocer una falta e incluso advertir al árbitro de su error cuando su decisión nos haya beneficiado injustamente
- Aceptar los errores arbitrales como algo inherente al juego, aceptando la infracción cometida sin intentar engañar al árbitro

- Durante la actividad la relación de los niños debe ser estimulada:
  - La actuación deportiva tiene que ser ejemplar: comportamientos como la pérdida de control, la falta de deportividad, etc. deben ser cortados de inmediato y analizados tras el entrenamiento para ser reconducidos
  - Enséñales a valorar y aceptar a cada compañero y a entender las diferencias de cada uno
  - No permitas la falta de respeto entre ellos y hacia cualquier persona presente en la actividad: niños, entrenadores y padres rivales, árbitros, etc.

9. Cuida tu comportamiento:
   - Has de ser un ejemplo en el banquillo, mostrando siempre respeto por el contrario y por los árbitros y exigiendo lo mismo a los tuyos. Tu comportamiento y el de los pequeños están íntimamente relacionados. Debes ser consciente de que generas una gran influencia sobre ellos antes, durante y después del

partido. Si eres positivo, se divertirán jugando. Si chillas constantemente, dando instrucciones o enfocando en los errores, será difícil que lo consigan

- Debes hacer todo lo posible por conseguir una competición positiva y divertida
- Siempre debes permanecer tranquilo, equilibrado y sobre todo con la idea clara de ayudar
- Debes animarlos la mayoría de las veces y solo de vez en cuando instruirlos durante el juego. Los niños deberían poner toda su atención en jugar y ejecutar su baloncesto y no en las indicaciones gritadas desde el banquillo. Cuando quieres «sobre-organizar» todo y dominar por completo el partido estás definitivamente matando la parte lúdica del juego

10. Responde del comportamiento de tus niños. Eres el responsable de utilizar la competición para educar en valores éticos y morales, por encima del rendimiento deportivo. Si necesitas corregir una mala actitud o un mal comportamiento, hazlo inmediatamente de que se produzca de modo proporcionado y ajustado a la edad del niño. Te doy algunos consejos que pueden ser útiles:
- Corrige en el acto
- Hazlo con respeto
- Cuando corrijas, levanta la voz para llamar la atención del niño y que vaya hacia ti. Cuando lo tengas a tu lado, comunica tu mensaje en voz baja y con respeto
- Si la falta es grave no dudes de sacar al niño del partido. El paso por el banquillo y una corta explicación del porqué lo haces suele ser suficiente. Si persiste en el error, envíalo al vestuario

    En cualquier caso, el castigo debe ser un recurso inteligente, equilibrado, eficaz a usar cuando no disponemos de una alternativa mejor

11. Intenta convencer a los padres para que compartan, fomenten y alienten el esfuerzo, la mejora y el buen comportamiento de cada uno sus hijos y del equipo en su conjunto, debiendo ellos también ser un ejemplo en las gradas. No dudes en intervenir ante cualquier mala conducta, lo cual será más fácil siempre y cuando previamente les hayas explicado lo que quieres hacer y hayas intentado involucrarlos en el equipo. Tendrás que recordarles cuál es el objetivo de la actividad y el proceso de enseñanza que se está llevando a cabo, haciéndoles ver el daño que una mala actitud puede producir en su hijo y en todo el colectivo.

12. Promueve el espíritu de equipo durante el juego:
    - Los jugadores de banquillo deben vivir el partido animando, apoyando y dando información a sus compañeros dentro de la cancha, independientemente de su actuación y del marcador de partido. Hay que enseñarles a que valoren el esfuerzo de los compañeros, que los apoyen y animen cuando se equivocan como cuando aciertan; deben levantarse en los tiempos muertos y en las sustituciones y tener un gesto con ellos (como chocar sus manos); deben reaccionar rápidamente corriendo hacia la mesa de anotadores en cuanto el formador los nombre para incorporarse al juego
    - Los jugadores que salen del campo deben chocar sus manos con sus sustitutos mientras los informan acerca del rival al que están defendiendo. Luego deben saludar a todos los compañeros de banquillo y finalmente sentarse junto al formador por si este quiere decirles algo
    - Los jugadores dentro del campo se animan y se apoyan durante el juego, y cuando este se para como

consecuencia de una falta con tiros libres se juntan para intercambiar información o simplemente para darse ánimos

13. Valora siempre el esfuerzo por encima del talento natural. Potencia la capacidad de lucha y entrega y de dar todo lo que puedan para hacer las cosas bien y no rendirse ante situaciones adversas hasta el final

14. Enséñales que sus buenas y malas decisiones, y sus acciones, tanto deportivas como personales, pueden afectar al resto de manera positiva o negativa

15. Al finalizar el partido:
   - En cuanto el árbitro pita el final del partido, la reacción más inmediata es que el equipo ganador esté eufórico y el perdedor decepcionado. Tú, antes de nada, darás la mano al otro entrenador-formador y al árbitro. Ese debe ser el único momento en que dejes libertad a la expresión de las emociones espontáneas de los tuyos
   - Tras estos saludos, reunirás al grupo y todos los niños saludarán al otro entrenador-formador y a los niños del equipo contrario, además de dar la mano a los árbitros
   - Luego se juntarán de nuevo para realizar algún grito o acto colectivo y seguidamente irán todos juntos a aplaudir y dar las gracias al grupo de padres que los apoyaron. Esto se hará siempre independientemente del resultado del partido fomentando así el respeto por el rival y el espíritu de equipo
   - Luego mantendrás al equipo unido y te reunirás con ellos en una parte del campo o en el vestuario. Te asegurarás de que estén tranquilos, ya sea tras una

victoria o una derrota, y de que te presten atención unos breves minutos (los menos posibles). Es un gran momento donde puedes ayudarlos mucho:

- Si el equipo ha realizado un gran esfuerzo o ha puesto todo su empeño en hacer bien las cosas que se entrenaron, debes hacérselo saber y reconocérselo inmediatamente, independientemente del resultado
- Diles con detalle lo que hicieron bien y los objetivos que se cumplieron, al margen de si se ganó o se perdió. Esto reforzará su deseo de seguir trabajando con ilusión
- Hazles sentir lo contento que estás con su actitud y con su comportamiento deportivo tras la victoria o la derrota. Así reforzarás sus valores
- Cita al equipo para la siguiente actividad

¿Qué no debes hacer en esta reunión?
- No critiques a nadie por su mal partido
- No hables de las cosas que se hicieron mal o intentes resolver problemas técnicos o tácticos. No es el momento. Espera y hazlo en el siguiente entrenamiento, pero nunca inmediatamente tras acabar el partido
- No muestres tu enfado en caso de derrota

- Al salir del vestuario todo debe quedar organizado y limpio y nadie puede abandonar este hasta entonces. Es importante que desarrolles el hábito del orden y del respeto por los que vienen detrás o los que tienen que mantener limpia la instalación
- Debes poner especial atención sobre aquellos niños que han tenido algún percance durante el encuentro. Debes aconsejarles sobre qué hacer para cuidarse y

recuperarse, o acercarlos a algún centro especializado si fuera necesario para que los atiendan

- Te asegurarás de que todos los niños tengan asegurado el transporte para volver a casa. Serás el último en irte para comprobar que todo está en orden antes de marcharte

- Cuando los niños abandonan el recinto tienen la obligación de despedirse de ti, de sus compañeros y de los padres

- Si tienes oportunidad, aprovecha un momento para hablar con los padres y darles una adecuada perspectiva de lo que ha sido el partido. De esta manera los informarás de lo que hizo el equipo, si cumplió o no con los objetivos que te habías propuesto ayudándolos a que vean el partido como una parte importante del proceso de enseñanza. Debes quitar importancia al hecho de ganar o perder y animarlos a reforzar este mensaje en casa

- Reflexiona sobre el trabajo recién finalizado. Analiza y evalúa el encuentro con datos que hayas ido anotando durante el mismo o por los recuerdos recientes de lo que acaba de ocurrir. Comprueba si el equipo ha cumplido con los objetivos establecidos antes del partido, si va progresando con el entrenamiento en la medida que esperabas y si asimila tus enseñanzas. Toda esta información te será muy útil para encarar la preparación de las sesiones de entrenamiento de la siguiente semana

- Desarrolla tu capacidad autocrítica llevando a cabo una autoevaluación que te permita conocer cómo diriges y los cambios que deberías introducir para mejorar tu forma de encarar el siguiente partido. La opinión de otro entrenador-formador que te observe desde fuera puede ser una ayuda muy valiosa

Hemos insistido mucho en que el niño es un ser en evolución. Si en el capítulo anterior afirmábamos que el entrenamiento no puede ser igual en cada etapa de formación, el mismo razonamiento tenemos que aplicárselo al partido.

La competición tiene que tener en cuenta el desarrollo físico, técnico y personal del niño adaptándose a su evolución, debiendo ser diferente según las edades del mismo.

La competición del 5x5 en las etapas iniciales del baloncesto, lejos de adaptarse al niño, lo que hace es obligarlo a él a adaptarse a ella. Parece que tenemos prisa por acercar el baloncesto de los niños al de los adultos. Como ves, una vez más el baloncesto de los mayores interfiere en el de formación.

El 5x5 los obliga a enfrentarse a dificultades para las que no se encuentran preparados desde el punto de vista físico, técnico y cognitivo. Es inadecuado al no adaptarse a las necesidades y a los intereses del niño de estas edades: divertirse y aprender.

En este tipo de competición, el número de experiencias que tienen los niños es muy bajo. Necesitamos una adaptación de la competición, igual que se ha conseguido en el fútbol, donde existe el fútbol 5 (5x5) y el fútbol 7 (7x7), ambas modalidades previas al juego real del fútbol con once jugadores.

Es absolutamente necesario favorecer el aprendizaje en los inicios de la formación reduciendo las dificultades del niño en cuanto a espacios y número de jugadores se refiere, con el objetivo de aumentar el número de experiencias y decisiones durante el juego. Conforme el niño vaya aprendiendo y madurando, el baloncesto se debería ir complicando y aumentando el número de jugadores hasta llegar al del juego real.

¿Qué logramos con la reducción del número de jugadores?

- Que el niño participe más en el juego. Al ser menos, los que juegan manejan más veces el balón aumentando el número de experiencias y decisiones, y por consiguiente aprenden más
- Que el niño reciba mayor atención por parte de su entrenador-formador
- Que se genere más espacio para facilitar un juego más fluido y técnico
- Que se elimine la táctica (no hay sistemas cuando se juega 3x3 o 4x4) y se promueva la técnica individual
- Ayudar al entrenador-formador a ir creciendo y evolucionando en su baloncesto a la par que lo hace el niño

¿Cuál sería mi competición ideal? Entre los seis y los ocho años deberíamos huir de la competición oficial con marcador, clasificación y un campeón al final. Los niños de esta edad no buscan eso. La competición clasificatoria la inventamos los adultos y se la imponemos a los niños.

En el caso de jugarse una competición entre colegios, o si finalmente se jugase una competición oficial, los partidos deberían ser de 3x3 dividiendo el tiempo en ocho períodos de seis minutos (48'). Los partidos se jugarían en medio campo, en una canasta, lo que permitiría jugar dos partidos en un mismo campo. Los equipos podrían ser de doce jugadores.

La competición debería ser vista como un juego de carácter formativo sin importar los puntos y quién gana. Todos los niños deberían disfrutar del juego el mismo tiempo y participar activamente por igual. Esto es, poder tomar decisiones y desarrollar sus iniciativas sin restricción alguna.

Durante la etapa comprendida entre los ocho y los diez años el aprendizaje del juego debería ser el objetivo número uno. Y para que esto se produzca necesitaremos que el número de jugadores se reduzca. Los partidos serían de 3x3 dividiendo el tiempo en ocho períodos de seis minutos (48'). Los partidos se jugarían en medio campo. Los equipos podrían ser de doce jugadores.

Esto haría que, además de las ventajas descritas anteriormente para el niño, hubiera más equipos en cada colegio-club, más entrenadores, más campos para entrenar y jugar, y sobre todo, más calidad en la enseñanza y en la competición.

Actualmente se organizan muchos eventos en toda España con el formato 3x3, al cual se apuntan incluso jugadores profesionales. Algunos de ellos afirman, entre otras cosas, que *«el 3x3 es la esencia del baloncesto: jugar y divertirse»*; *«es un juego abierto, libre, con pocos jugadores y en el que todos tendremos más opciones de tirar»*, etc. Si esto es bueno para los mayores ¿por qué no lo queremos para nuestros niños?

Entre los diez y los catorce años los partidos serían de 4x4 jugando en todo el campo y dividiendo el tiempo en cuatro períodos de diez minutos (40'). Los equipos serían de doce jugadores.

Durante toda esta etapa se harían dos equipos de la misma categoría: uno de ellos con niños nacidos entre enero y junio, y el otro con nacidos entre julio y diciembre. Las diferencias físicas que puede haber entre un niño que cumple los años a primeros de enero con uno que los cumple a finales de diciembre pueden ser enormes e influir negativamente en el aprendizaje y disfrute de la actividad.

Entre los catorce y los dieciocho años los partidos serían de 5x5 dividiendo el tiempo en cuatro períodos de diez minutos (40'). Los equipos serían de doce jugadores.

En definitiva, la competición debería ir progresando en complejidad adaptándose a las capacidades y necesidades de los niños comenzando con una competición más simple como la del 3x3 e ir evolucionando hasta llegar a la más compleja que es el 5x5.

LA TÉCNICA, LA TÁCTICA Y LA MENTE

Hasta el momento hemos hablado de la importancia de formar al niño de manera integral como persona, estudiante y deportista.

En estos próximos capítulos nos centraremos más en el baloncesto y en el deportista, de manera que seamos capaces de enseñarle este deporte lo mejor posible.

Desde una perspectiva exclusivamente deportiva, tu obligación como entrenador-formador es enseñar a tus niños a jugar y a entender el baloncesto. Para conseguirlo tienes que poner en marcha un proceso de construcción del juego que les permita ir aprendiendo progresivamente su técnica y su táctica.

La técnica está basada en la ejecución de los fundamentos clave para que aprendan a jugar. Son como los cimientos de un edificio que permiten construir sobre ellos. Si no cimentas bien, si no inviertes tiempo y esfuerzo en ellos, cuando quieras seguir construyendo tu «edificio baloncestístico» este se desmoronará porque no estará sustentado sobre una base sólida.

Cuando te hablo de fundamentos individuales me estoy refiriendo a lo siguiente:

- Equilibrio corporal
- Movimientos básicos (pies y manos)

- Fundamentos defensivos individuales:
  - Defensa 1x1 del hombre con balón
  - Defensa 1x1 del hombre sin balón
  - Rebote defensivo
- Fundamentos ofensivos individuales:
  - El pase y la recepción
  - El bote
  - El tiro y la entrada a canasta
  - Rebote ofensivo

La táctica está basada en la toma de decisiones y en la aplicación de las habilidades técnicas a la situación real de juego. Puede ser descompuesta en tres partes:

1. La táctica individual. Está basada en la toma de decisiones de carácter individual, como cuando se juega una situación de 1x1.

2. La táctica colectiva o grupal. Es el paso previo a la creación de los sistemas de juego defensivo y ofensivo. Está basada en la toma de decisiones de carácter colectivo, como cuando se juegan situaciones de dos o más jugadores. Este tipo de táctica va a ayudar a que el niño comprenda el juego llevando un proceso de construcción del mismo desde el 2×2 hasta el 4×4, previo al 5×5, usando para ello los fundamentos de equipo. Estos se dividirán en los siguientes:
   - Fundamentos defensivos de equipo:
     - Balance defensivo
     - Defensa de equipo en el perímetro
     - Defensa de equipo en el poste
     - Defensa de equipo en el bloqueo directo
     - Defensa de equipo en el bloqueo indirecto
     - Rebote defensivo de equipo

- Fundamentos ofensivos de equipo:
  - Contraataque
  - Juego de equipo en el perímetro
  - Juego de equipo en el poste
  - Juego de equipo en el bloqueo directo
  - Juego de equipo en el bloqueo indirecto
  - Rebote ofensivo de equipo

3. La táctica de equipo o sistema de juego. Está basada en la creación de los sistemas defensivo y ofensivo del equipo. Es el juego de equipo en su máxima expresión: el 5×5. Puede ser dividida en dos grandes áreas:
   - Táctica defensiva:
     - Balance defensivo
     - Defensa individual
     - Defensa zonal
     - Defensas presionantes

   - Táctica ofensiva:
     - Contraataque
     - Ataque contra defensa individual
     - Ataque contra defensa zonal
     - Ataque contra defensas presionantes

En las tácticas individual y colectiva, el niño es el protagonista de la acción y será él, y no tú, quien tendrá que dar soluciones a los problemas que le genere el juego. Tú tienes la obligación de enseñarle a pensar cómo resolver los distintos problemas que se le plantearán, además de enseñarle a jugar y a entender el baloncesto. Esto último es lo más difícil de enseñar.

En la táctica de equipo, en cambio, tú serás el que elija la táctica en función del objetivo que quieras conseguir: formación o rendimiento inmediato.

Cuando un niño se encuentra con una situación durante el juego, esta representa un problema táctico a superar que lo obliga a llevar a cabo un rapidísimo proceso para resolverlo. Para una mayor comprensión del mismo, vamos a descomponerlo en una serie de pasos:

- Paso 1. El niño percibe visualmente la situación. El cerebro trabaja con la información visual que recibe, por lo que la decisión dependerá de la calidad y la cantidad de la misma. Hay dos tipos de visión que nos interesan: la central y la periférica. La primera nos permite recibir una información visual precisa centrando el foco de atención en un punto concreto. Por ejemplo: cuando centramos la visión en el aro al realizar un tiro libre o para ver la hora en el reloj. La segunda nos proporciona una visión amplia de una situación pero sin centrar la atención en nada concreto. Por ejemplo: cuando estamos defendiendo a un jugador sin balón y estamos viendo al mismo tiempo el balón y a nuestro atacante sin necesidad de girar continuamente la cabeza, o cuando conducimos un coche.

- Paso 2. El niño piensa y reflexiona sobre la acción a realizar para luego tomar una decisión inteligente escogiendo entre un conjunto de alternativas que cree que pueden solucionar el problema planteado. Para ello tiene que responder a dos preguntas muy claras: ¿Qué tengo que hacer? y ¿cómo tengo que hacer a nivel técnico y táctico? En la toma de decisiones influirán algunos factores:
  - Sus experiencias pasadas. Cuanto más conozca la situación a la que se enfrenta más fácil le será tomar una decisión y viceversa. Una solución que le dio resultado en el pasado tenderá a repetirse

- Su conocimiento del juego. Cuanto mayor sea, mejores y más rápidas decisiones tomará, además de incrementar su capacidad para anticipar lo que va a suceder
- Su capacidad de atención y concentración
- El número de alternativas posibles y el número de decisiones a tomar
- El tiempo del que dispone para decidir

En este paso el niño está llevando a cabo una actividad mental, un esfuerzo cognitivo para resolver una situación-problema a la que se enfrenta. Tiene que reflexionar sobre la acción a realizar y tomar una decisión inteligente, la que sea más conveniente en cada caso, teniendo en cuenta los comportamientos de los compañeros y adversarios.

- Paso 3. Ejecuta lo que ha pensado realizando el gesto técnico correcto en el momento oportuno. En la ejecución influirán algunos factores:
  - El dominio de la técnica individual. Cuanto mayor sea mejor será la ejecución
  - El talento físico. Cuanto mayor sea, mejor y más rápida será la ejecución técnica
  - La voluntad por enfrentarse a una situación puede hacerle enfrentarse sin miedo a la misma o puede llevarlo a rechazar hacerlo. Las decisiones se ven influidas por sus miedos, la confianza en sus posibilidades, el momento del partido, la presión del entorno, la actitud del entrenador, etc. Todos estos factores emocionales pueden hacer que el niño decida tomar una opción de riesgo o no tomar ninguna, delegando la responsabilidad en un compañero.

  Tú, como entrenador-formador, puedes mejorar su capacidad de decidir dándole confianza.

Tu obligación como entrenador-formador es poner en marcha un proceso de construcción del juego que te permita enseñar a tus niños a jugar y a entender el baloncesto.

Para conseguirlo tienes que lograr que durante este proceso en el que enseñas la técnica y la táctica vayas desarrollando su capacidad para pensar sobre lo que están haciendo desde la comprensión del juego.

En un principio será conveniente entrenar repetidamente determinadas situaciones que les ayuden a ir comprendiéndolo, pero también debes saber que terminarán sabiendo lo que va a suceder antes de comenzar la acción y que el juego real no es predecible, sino todo lo contrario.

El baloncesto es un deporte donde el nivel de incertidumbre es elevado, con situaciones de juego cambiantes, inciertas e imprevisibles, con variaciones en la colocación de los compañeros, de los adversarios y del balón, todo lo cual supone grandes desafíos para el niño y lo obliga a una constante adaptación y respuesta.

Por ello, cuando el niño va adquiriendo unos conocimientos «avanzados» de este deporte, debes plantear y entrenar situaciones reales de juego poco predecibles donde él desconozca lo que va a suceder. El objetivo final del proceso es que él tenga que observar, pensar y comprender el juego y tomar decisiones efectivas e inteligentes ante situaciones que ignora a priori, que es lo que realmente sucede en un partido de baloncesto.

Pero no solo tienes que desarrollar su capacidad para pensar sobre lo que está haciendo, sino que también debes desarrollar su capacidad para pensar en su propia actuación para evaluar y reflexionar sobre la acción tomada. Cuando el niño sabe lo que ha hecho, aunque sea con fallos, y qué tiene que hacer para mejorarlo, está dirigiendo su propio aprendizaje. Esta es la mejor manera de que sea capaz de aprender a jugar al baloncesto y resuelva cualquier desafío que le genere el juego, aunque también es la más difícil de enseñar.

Recuerdo el caso de chicos que con diez o doce años estaban inmersos en un proceso de desarrollo físico inferior a la media y jugaban con otros que estaban en uno más avanzado. Los menos desarrollados se enfocaban más en la técnica y en aprender a jugar que los más evolucionados, que ponían más énfasis en usar su cuerpo y su fuerza. Con el tiempo las diferencias físicas se redujeron, se igualaron e incluso progresaron en sentido contrario dando lugar a que los inicialmente más avanzados se vieran claramente sobrepasados a nivel técnico y de comprensión del juego por los inicialmente menos desarrollados.

Durante mi carrera deportiva me he encontrado con infinidad de profesionales que poseían a priori potencial para ser excelentes jugadores. Tenían altura, fuerza, capacidad de trabajo y una buena técnica individual. Pero curiosamente muy pocos llegaron. Unos porque no tenían carácter, otros porque no aguantaban la presión y muchos porque no entendían el juego, lo que les impedía tomar buenas decisiones.

Repasemos todo lo visto anteriormente desde un planteamiento práctico.

Trabajando una situación táctica

Cuando en un entrenamiento trabajes una situación táctica, sigue los siguientes pasos:

1. Propón una situación de juego que constituya un problema que los niños tengan que solucionar. Recuerda: al principio usa situaciones previsibles para que ellos vayan comprendiendo el juego y más tarde plantea situaciones que sean impredecibles, que son las que realmente se darán en el juego real.

2. Haz que se pongan a practicarla manteniéndote tú en un segundo plano. Déjales libertad para que tomen sus propias decisiones.

3. Cuando lo creas oportuno, para el entrenamiento y haz que reflexionen sobre lo que están haciendo. Hazles preguntas sobre sus acciones y decisiones sin criticarlas ni juzgarlas. También sobre los problemas que se están encontrando. Pueden ocurrir varias cosas:
    - Que la ejecución técnica impida que encuentren la solución. Entonces podrás tomar la decisión, bien de corregir durante unos minutos la técnica en cuestión, o bien de proponer el uso de otro elemento técnico del repertorio que tienes
    - Que el conocimiento que tienen de la situación sea insuficiente. Entonces explícales en qué consiste y los comportamientos defensivos y ofensivos que se producen
    - Que el problema táctico les supere. En este caso debes hacer los cambios necesarios para ayudarlos a que consigan la solución. Por ejemplo: varía el número de participantes, el espacio, etc.

    Cuando logras que reflexionen sobre su actuación estás ayudándolos a convertirse en jugadores inteligentes que entienden el juego.

4. Una vez que han reflexionado y has mediado para que encuentren la solución al problema, ponlos de nuevo a practicar la situación de juego.

Veamos un ejemplo. Propónles una situación de 1x1 en campo de ataque priorizando la acción ofensiva. Seguidamente ponlos a practicar esta situación. Observa lo que ocurre y, cuando lo creas oportuno, para el entrenamiento.

Pregúntales sobre lo que están haciendo y qué problemas encuentran. Anímalos a trabajar la técnica si ese es el problema. Explícales en qué consiste, el comportamiento del defensor y la importancia del espacio en el caso de que el desconocimiento de estos sea la dificultad. Reconduce la situación para que tengan éxito si es un problema que les viene grande haciendo, por ejemplo, que el defensor defienda con las manos agarradas detrás de la espalda. Finalmente acaba practicando de nuevo la situación de 1x1.

Trabajando una situación técnica

Cuando en un entrenamiento trabajes una habilidad técnica, sigue los siguientes pasos:

1. Propón el trabajo de la habilidad
2. Entrénalo con detalle con el objetivo de que la ejecuten correctamente
3. Cuando lo creas oportuno, para el entrenamiento y haz que reflexionen sobre lo que están haciendo. Hazles preguntas sobre sus acciones y sobre los problemas que se están encontrando. También acerca de en qué situaciones usarían ese elemento técnico
4. Una vez hayan reflexionado, sitúalos en una situación de juego donde lleven a cabo lo que han aprendido (transferencia)

Veamos un ejemplo. Propónles trabajar el bote usándolo para subir el balón desde el campo defensivo al ofensivo. Entrénalo poniendo énfasis en el uso de los dedos, en la extensión del brazo y de la muñeca, y en la visión amplia del campo (en ningún caso centrada en el balón). Cuando lo creas oportuno para el entrenamiento y haz que reflexionen sobre lo que están haciendo. Hazles preguntas sobre sus acciones y sobre los problemas que se están encontrando. También acerca de en qué situaciones usarían ese elemento técnico. Finalmente transfiere el bote a una situación de juego:

- Juega una situación de 1x1 donde tengan que subir el balón con un defensor que se lo impida o que acompañe
- Juega la misma situación teniendo que recibir tras un saque de banda o fondo en campo defensivo para luego subir el balón a campo de ataque antes de ocho segundos[1]

Si la habilidad técnica que enseñaras fuera nueva y el niño desconociera todo acerca de ella, te recomiendo que emplees unos minutos para que experimente diferentes maneras de ejecutarla. De esta manera le irás dirigiendo hacia lo que es lo correcto, pero siendo él quien lo descubra. Evita imponer tú desde el principio el gesto porque perderás la oportunidad de que sea él quien reflexione e interiorice la técnica correcta.

Imagínate que enseñas el pase y la recepción por primera vez. El objetivo es que el niño aprenda a pasar correctamente el balón. Para ello tiene que adoptar una posición flexionada, tener una buena visión centrada en el objetivo y flexionar-extender el brazo usando la muñeca y los dedos en la finalización del mismo.

Una vez que tienes claro el objetivo prepara la estrategia para que el niño lo descubra por sí mismo. Promueve que experimente diferentes sensaciones y ve dirigiéndolo con tus preguntas hacia el objetivo:

- Que pase de pie, sentado, de rodillas y un poco flexionado. Luego pregúntale: ¿cómo pasas mejor?

---

1   Límite que marca el reglamento para cruzar la línea de medio campo.

- Que pase de pie sin moverse, flexionado sin moverse, dando un paso previo al pase, dando dos pasos, pasando en carrera. Luego pregúntale: ¿cómo pasas mejor?
- Que pase sin mirar a quien le recibe. Que lo haga mirando al suelo, al techo, a donde se le ocurra y que al final lo haga mirando a su compañero. Al final pregúntale: ¿cómo pasas mejor?
- Que pase extendiendo los brazos y sin hacerlo, cogiendo el balón con los dedos o con la mano entera (con la palma tocando el balón), con una o con dos manos, etc. Luego pregúntale: ¿cómo pasas mejor?

Imagínate que enseñas la importancia del equilibrio corporal como elemento básico del juego.

Prepara la estrategia para que el niño lo descubra por sí mismo. Promueve que experimente diferentes sensaciones y ve dirigiéndolo con tus preguntas hacia el objetivo. Por ejemplo, colócalos por parejas y sigue los siguientes pasos:

- Que uno de la pareja empuje al otro que está de pie. Que hagan lo mismo luego con las rodillas flexionadas. Luego pregúntales: ¿cómo eres más difícil de mover?
- Que ambos se empujen estando de pie. Luego que hagan lo mismo estando ambos flexionados. Al final pregúntales: ¿cómo empujas mejor?
- Que ambos vayan corriendo y a tu voz tengan que pararse de pie, sin flexionar las rodillas. Luego que hagan lo mismo con las rodillas flexionadas. Al final pregúntales: ¿cómo paras mejor?

De todo lo visto hasta ahora podemos llegar a algunas conclusiones:

La técnica individual debe ser entrenada desarrollando una correcta percepción visual que permita al niño observar el juego en su conjunto siendo fundamental que se transfiera a una situación real de juego. Uno de los grandes errores que se pueden observar en los jóvenes es que no saben cómo usar su técnica en el contexto del juego. La simple repetición de gestos técnicos solo lleva al automatismo y a la robotización.

El trabajo de la táctica, tanto individual como colectiva, es fundamental para que el niño use su mente junto a su técnica tanto para resolver los problemas que el propio juego le genera como para provocar una mayor comprensión cognitiva de los conceptos y la estructura de nuestro deporte. Por encima de todo lo realmente importante es que el niño tome consciencia de lo que está aprendiendo y dote de significado y sentido a sus acciones en el marco del juego colectivo.

De esta manera, cuando trabajas la táctica estás implicando a la mente en el juego, y cuando trabajas la técnica, también la transfieres a una situación de juego que le exige de nuevo un esfuerzo cognitivo.

No olvides nunca que el baloncesto es un juego mental. Tampoco olvides la importancia de los pequeños detalles del juego. Como decía John Wooden *«los pequeños detalles, las pequeñas cosas hacen que las grandes ocurran»*.

Hay entrenadores que me preguntan: ¿por dónde empiezas a enseñar el baloncesto, por la técnica o por la táctica?

Es cierto que algunos prefieren que el niño aprenda de lo particular y preciso, la técnica, a lo general y complejo, la situación real, la táctica. Otros prefieren que el niño aprenda desde la táctica y posteriormente desarrolle su ejecución técnica.

Para mí ambas son importantes y no pueden separarse una de la otra. Lo técnico y lo táctico forman parte de una misma realidad y están presentes de forma simultánea en el juego.

Se puede comenzar por la técnica y seguidamente transferirla a la situación real de juego (táctica). En este preciso momento el niño tendrá que tomar decisiones para enfrentarse a los problemas que se le generan y en consecuencia se verá obligado a realizar un esfuerzo cognitivo; tendrá que poner su cabeza a pensar, lo que desarrollará su capacidad para comprender el juego y tomar decisiones efectivas.

También se puede comenzar por la táctica estableciendo una situación que represente un problema para el niño haciéndole así que observe, piense y comprenda el juego y tome decisiones, y posteriormente se trabaje la habilidad necesaria para que la decisión se ejecute con una técnica correcta.

Lo que sí es importante es que cuando se enfatice una de ellas, la otro debe ser atenuada para facilitar el aprendizaje, especialmente en las primeras etapas de formación.

Aplica el sentido común a la hora de usar más el trabajo táctico o el técnico. Esto estará en función de lo que quieras enseñar y, sobre todo, de las capacidades de los niños a los que enseñas.

EL APRENDIZAJE Y LA ENSEÑANZA

El baloncesto es un juego de situaciones variadas, cambiantes e impredecibles que lo hacen difícil de entender. Conocer el juego en su totalidad es difícil y complejo, por lo que es necesario construirlo a partir de piezas más básicas de conocimiento. Si están bien construidas, estas estructuras más pequeñas proporcionarán un aprendizaje que puede transferirse a nuevas situaciones.

Uno de los errores más comunes en nuestro deporte –y me temo que en la mayoría– es tener prisa, querer correr mucho, tomar «atajos» y quemar etapas. Puedo asegurarte sin lugar a dudas que esto es una gran equivocación porque la intención de querer enseñar mucho en la etapa inicial no provoca en ningún caso que los alumnos consigan aprender más ni más rápido. Muy al contrario, es ineficiente e incluso perjudica el aprendizaje.

¿Entenderías que un niño después de terminar su periplo escolar, con dieciocho o diecinueve años no supiera sumar, restar, multiplicar y dividir? Supongo que no. ¿Y puedes entender que un niño después de entrenar desde los seis o los ocho años hasta los dieciocho o los diecinueve una media semanal de tres días a la semana termine su etapa escolar sin saber botar, parar, pasar y tirar correctamente, que son los equivalentes en el baloncesto a las operaciones matemáticas antes mencionadas? Supongo que tampoco.

Es evidente que para enseñar necesitaremos mucha paciencia y, como dijimos, poner en marcha un proceso de construcción del juego que nos permita ir enseñando la técnica y la táctica del mismo. Como esto lo veremos en el próximo capítulo ahora vamos a centrarnos en el proceso de aprendizaje del niño.

Es innegable que cuando quieres enseñar algo a un niño, lo que quieres es que él aprenda. No sé si alguna vez has tenido un profesor al que no se le entendía cuando enseñaba en clase. A lo mejor sabía mucho, pero tú no aprendías. Yo sí he tenido esa experiencia.

Por ello, si quieres enseñar algo a tus niños, lo primero que debes conocer es cómo aprenden.

Pues aprenden cuando das más importancia a la calidad de lo que enseñas que a la cantidad. Por eso no es tan importante que enseñes muchas cosas como la calidad de lo que enseñes. Esto confirma lo que hablamos cuando hacíamos referencia a Tom Davis y Michael Jordan.

Los niños aprenden cuando tienes en cuenta su edad y sus características. Cuando conoces lo que están capacitados para aprender y lo que no. Su cerebro está en plena evolución y de ahí que su manera de pensar sea diferente a la nuestra y vaya pasando por diferentes etapas. Como consecuencia, todo lo que les enseñemos y la manera de hacerlo tiene que adaptarse al momento evolutivo en el que se encuentran.

Su capacidad para asimilar información aumenta progresivamente con la edad. Por eso es tan importante que entiendas el proceso evolutivo del niño y lo acompañes durante el mismo aportándole conocimientos y conceptos del juego con progresividad y siempre adaptados a él.

Los niños aprenden cuando tienes en cuenta el conocimiento y la experiencia que tienen antes de construir un nuevo aprendizaje. Cuando enseñas algo nuevo debes hacerlo siempre sobre la base de lo que enseñaste anteriormente. El cerebro conecta la nueva información con la ya conocida, por lo que así aprende mejor y más rápidamente. Y para optimizar ese aprendizaje se necesita una repetición continuada de aquello nuevo que se tiene que asimilar.

En resumen, los niños aprenderán de manera óptima cuando lo que les enseñas cumple con los siguientes requisitos:

- Está organizado, sigue un orden lógico
- Es progresivo, sigue un orden secuencial
- Está interrelacionado de forma congruente, tiene relación con lo anterior y con lo siguiente
- Es adecuado a su nivel de juego, está en un nivel de dificultad adecuado para ellos: ni muy fácil, ni muy difícil. Para ello contamos con la posibilidad de modificar el número de jugadores por equipo, el tipo de móvil, los materiales, los espacios, los tiempos o las reglas

También aprenden cuando utilizas el entrenamiento como herramienta de enseñanza. Para ello tienes que prestar atención:

- Al número de entrenamientos necesarios para que puedan asimilar lo que les enseñas

- A la calidad de los mismos; no trates tanto de entrenar mucho como de entrenar haciendo las cosas correctamente
- A la organización del tiempo; evita pérdidas de tiempo que reduzcan el tiempo de enseñanza-aprendizaje

Una manera de facilitar su aprendizaje es el uso de las nuevas tecnologías. Actualmente los niños aprenden con «tabletas» y ordenadores. Puedes utilizarlas como herramientas formativas de manera que ellos investiguen y aprendan determinadas habilidades antes de que tú se las enseñes en el entrenamiento.

Y, por encima de todo, los niños aprenden cuando están motivados. Este es el factor más importante del aprendizaje. Como bien dice Robert Schank, pionero en el campo de la inteligencia artificial y la psicología cognitiva, *«el aprendizaje ocurre cuando alguien quiere aprender, no cuando alguien quiere enseñar»*. Puedes fomentar la motivación:

- Reforzando sus avances, por pequeños que sean, diciéndoles lo que hacen bien y lo que hacen mal, explicando donde se han equivocado y dando *feedback* positivo
- Creando entrenamientos dinámicos y creativos que los diviertan y atraigan. El cerebro se siente estimulado cuando encuentra algo nuevo que lo incentiva y motiva. Al fin y al cabo es su manera natural de aprender cuando somos niños y por eso el juego es una herramienta fundamental para enseñar. Todo lo que enseñes en forma juego lo aprenderán mejor y especialmente durante las primeras etapas
- Preparando entrenamientos con objetivos alcanzables y razonables. Han de ser lo suficientemente complejos como para que requieran un esfuerzo por parte del niño pero a la vez deben ser realistas y alcanzables para que no tengan como resultado su frustración

- Siendo cercano, de manera que se sientan escuchados y tengan la sensación de que tienes interés en ellos
- Ayudándolos a superar la frustración al hacerles entender que el error es algo natural que forma parte del proceso y es positivo para el aprendizaje
- Haciendo que experimenten emociones positivas
- Incidiendo en que el proceso de mejora está por encima del resultado
- Reforzando el valor del esfuerzo, la actitud, los hábitos, la disciplina, el entrenamiento y la concentración

Como ya sabes bien a estas alturas, los niños aprenden cuando creas un entorno educacional agradable y un clima emocional positivo para ello. Los pequeños son seres sociales y emocionales, por lo que sus emociones y sentimientos son básicos para aprender. Cuanto mejor sea el ambiente, mejor será su aprendizaje. Tú juegas un papel importante en la creación de ese entorno. Las emociones positivas actúan de agente fijador en el cerebro y afectan impulsando el proceso de enseñanza y aprendizaje, mientras que las emociones negativas influyen haciendo que el cerebro tienda a olvidar lo que no le es grato, lo que le perjudica, incluso interrumpiendo el proceso de enseñanza y aprendizaje.

Y aprenden cuando provocas su reflexión, cuando logras que apliquen su capacidad cognitiva a las necesidades que presenta el juego. En palabras simples, cuando pones su mente a funcionar. No te voy a hablar más de ello ya que fue muy explicado en un capítulo anterior.

CONSTRUCCIÓN TÁCTICA DEL JUEGO

omo dijimos en el capítulo anterior, el baloncesto es un deporte muy complejo que requiere un largo proceso de enseñanza de la técnica y de la táctica con el objetivo de que el niño vaya aprendiendo poco a poco a jugar y a desarrollar su capacidad para pensar sobre lo que está haciendo y comprender el juego.

Este proceso es similar al que llevamos a cabo cuando queremos que aprenda a leer un libro. Primero aprende las vocales y las consonantes, después forma palabras, luego lee frases, más tarde pequeños textos y finalmente alcanza la capacidad para leer un libro. Es evidente que si nos saltásemos algunos de estos pasos difícilmente lograríamos que leyera el libro. En el baloncesto sucede lo mismo aunque no seamos conscientes de ello.

El proceso de construcción táctico del juego tiene que tener en cuenta lo siguiente:

- Debe estar adaptado al proceso evolutivo del niño y a su nivel real de juego
- El contenido tiene que estar organizado y ordenado
- Debe ayudar al niño a evolucionar en su comprensión del juego. Los nuevos conocimientos deben construirse sobre los ya adquiridos y su experiencia previa
- Debe ser progresivo y aumentar la complejidad táctica desde la situación de 1x1 hasta la de 5x5. Todo ello tanto en el aspecto defensivo como en el ofensivo. El 1x1 supone la menor complejidad de comprensión táctica para el niño mientras el 5x5 supone la mayor complejidad. Los procesos cognitivos se desarrollarán solo si la intensidad y la complejidad de las cargas se incrementan de manera progresiva
- Debe tener en cuenta las fases del juego y sus principios tácticos[2]. El juego está dividido en dos fases: una de defensa y otra de ataque

La defensa se puede descomponer en tres momentos tácticos:

1. Evitar/dificultar la subida del balón hacia campo propio (límite 5 y 8"):
   - Tras rebote defensivo evitar/ralentizar la subida del balón hacia nuestro campo (8"):
     - Presionar el pase del reboteador (5") y las líneas de pase de los potenciales receptores
     - Evitar/ralentizar la subida del balón hacia nuestro campo (8")

---

2   Tomando como punto de partida las fases de juego de Bayer (1986), he desarrollado mi particular visión de las mismas.

- Tras canasta:
  - Presionar el pase del sacador y las líneas de pase de los potenciales receptores (5")
  - Evitar/ralentizar la subida del balón hacia nuestro campo (8")
- En el saque de banda en campo ofensivo
  - Presionar el pase del sacador y las líneas de pase de los potenciales receptores (5")
  - Evitar/ralentizar la subida del balón hacia nuestro campo (8")

2. Evitar que el ataque adquiera ventaja en medio campo defensivo (límite 24"):
   - Tras pasar la línea de medio campo, evitar que el atacante con balón nos supere y que el ataque progrese hacia nuestra canasta
   - En el saque de banda en campo defensivo:
     - Presionar el pase del sacador y las líneas de pase de los potenciales receptores (5")
     - Evitar que el ataque progrese cerca de nuestra canasta (14")

3. Impedir que anote (límite 24") y recuperar el balón:
   - Presionar el tiro: cambiar trayectoria o taponar
   - Coger el rebote defensivo

El ataque se puede descomponer en tres:
1. Subir el balón hacia campo adversario (límite 5 y 8"):
   - Tras coger el rebote defensivo, subir el balón hacia el campo adversario (8")
   - Tras canasta, sacar de fondo antes de 5" y subirlo hacia el campo adversario (8)

- En el saque de banda en campo ofensivo, pasar el balón antes de 5" y subirlo hacia el campo adversario (8")

2. Adquirir ventaja en medio campo ofensivo (límite 24"):
   - Tras pasar la línea de medio campo, superar el atacante con balón al defensor y que el ataque progrese hacia la canasta del rival
   - En el saque de banda en campo ofensivo:
     - Sacar con la presión del defensor del sacador mientras el resto se libera de sus defensores (5")
     - Progresar a la canasta (14")

3. Finalizar/tirar a canasta (límite 24") y recuperar el balón
   - Anotar
   - Coger el rebote ofensivo

- Debe tener en cuenta los fundamentos de equipo tanto defensivo como ofensivo:
  1. Fundamentos defensivos de equipo:
     - Balance defensivo
     - Defensa de equipo en el perímetro
     - Defensa de equipo en el poste
     - Defensa de equipo en el bloqueo directo
     - Defensa de equipo en el bloqueo indirecto
     - Rebote defensivo de equipo

  2. Fundamentos ofensivos de equipo:
     - Contraataque
     - Juego de equipo en el perímetro
     - Juego de equipo en el poste

- Juego de equipo en el bloqueo directo
- Juego de equipo en el bloqueo indirecto
- Rebote ofensivo de equipo

- Debe jugar con diferentes modificaciones del juego que proporcionen un elevado número de posibilidades y variantes que ayuden a la comprensión táctica del mismo. En cada una de las fases (ataque o defensa) y en las diferentes situaciones del juego (de 1x1 a 5x5) se pueden generar múltiples escenarios que proporcionarán innumerables oportunidades para que los niños comprendan el baloncesto jugando con:
  1. La calidad de oposición establecida, que puede ser progresivamente más compleja:
     - Oposición imaginaria. Se usan conos, marcas en el suelo que hacen el papel de un adversario o un niño totalmente quieto. Por ejemplo: en una situación de 1x1 el atacante realiza una acción con el defensor estático como si fuera un poste
     - Oposición pasiva. Los adversarios están presentes pero se desplazan con poca intensidad sirviendo de referencia pero sin atosigar a quien realiza la acción. Por ejemplo: en una situación de 1x1 el atacante realiza una acción con el defensor acompañándole sin tratar de robarle el balón
     - Oposición limitada. Los adversarios adoptan actitudes parecidas a la situación real pero se les impone restricciones en su acción. Por ejemplo: en una situación de 1x1 el atacante realiza una acción con el defensor tratando de defender al cien por cien pero con unas limitaciones como:
       - Llevar una o ambas manos a la espalda
       - Ir a la pata coja
       - Colocarse un parche en un ojo

- Oposición con desventaja inicial. Las situaciones que se presentan comienzan con una desventaja inicial y finaliza en una situación real de juego. Esta puede ser espacial, temporal o numérica
- Oposición real. Las situaciones de juego que se presentan son reales. Por ejemplo: en una situación de 1x1 el atacante realiza una acción con su defensor defendiendo al cien por cien, sin limitación alguna
- Sobre oposición. Las situaciones de juego que se presentan son reales pero el número de adversarios supera a los que realizan la acción

2. El grado de incertidumbre que se produce durante la acción. Una situación previsible y conocida antes de la ejecución es de un nivel de complejidad bajo. Lo contrario sucede cuando la situación es imprevisible a priori, que es lo que realmente sucede en el juego real

3. La velocidad y el tiempo necesarios para llevar a cabo la acción. Una situación en la que se dispone de mucho tiempo para tomar una decisión es menos compleja que aquella donde se tiene escaso tiempo para decidir

4. El nivel físico en el que se desarrolla la acción. Una situación que se encara descansado es menos compleja que aquella donde el grado de fatiga es elevado

5. El espacio donde se desarrolla la acción. Según sean más grandes o pequeños pueden facilitar o dificultar la acción defensiva u ofensiva

- Se puede jugar en todo, tres cuartos, medio y un cuarto de campo; delimitar zonas donde no se puede tirar, pisar, anotar, etc.; delimitar zonas de lanzamiento obligatorias desde las que hay que anotar, etc.
- Por ejemplo: una situación de ataque 1x1 puedes realizarla en todo el campo, en tres cuartos, en medio, en un cuarto, dentro de la línea de tres puntos o dentro de la zona. Conforme reduces el espacio de juego, dificultas la acción ofensiva

6. El número de niños involucrados en la acción. En función de este puedes hacer que la acción defensiva u ofensiva se facilite o se dificulte:
   - Una situación defensiva de 1x1 puedes trabajarla sin atacante (1x0), con un atacante que no trata de superar al defensor, con un atacante que trata de superarle pero que después de hacerlo le espera hasta que recupere, o con un atacante que quiere superarle y anotar
   - Una situación de ataque de 1x1 puedes trabajarla sin un defensor (1x0), con un defensor estático como si fuera un poste, con un defensor que acompaña al atacante pero no trata de robarle el balón, con un defensor que trata de defender al cien por cien pero que está limitado (tiene una o dos manos a la espalda, se mueve a la pata coja, lleva un parche en un ojo, etc.) o con un defensor que quiere defender al cien por cien y no tiene limitación alguna
   - Una situación ofensiva de 2x2 puedes convertirla en una situación de 2x0 sin defensor alguno, en una de 2x1 con dos atacantes contra un defensor

(facilita el ataque) o en una de 1x2 con atacante contra 2 defensores (dificulta el ataque)

- Una situación defensiva de 2x2 puedes convertirla en una situación de 2x0 sin atacante alguno, en una de 2x1 con dos defensores contra un atacante (facilita la defensa) o en una de 1x2 con un defensor contra 2 atacantes (dificulta la defensa)
- Esto mismo sucederá si hablamos del resto de situaciones 3x3, 4x4 y 5x5. Como ves, simplemente variando el número de atacantes o defensores puedes generar muchas nuevas situaciones

7. El tiempo de ejecución de la acción. Se puede limitar el tiempo para tirar en ataque; el tiempo de permanencia en determinadas áreas o zonas (bien sea el jugador o el balón), etc.

8. La técnica a utilizar durante la acción. Se puede obligar a botar con una determinada mano o a hacerlo solo en determinados espacios; a pasar con 1 mano sobre el bote, con dos manos, a usar únicamente el pase como habilidad prohibiendo el bote, a jugar con un balón desinflado para favorecer el juego de pases y evitar el uso del bote, a realizar un tiro determinado, a que se den un determinado número de pases antes de tirar a canasta, etc.

9. El reglamento del juego durante la acción. Se puede variar el sistema de puntuación anotando cuatro puntos cuando se consiga una canasta de contraataque, dentro de la zona, una bandeja, un balón al poste bajo, etc.

    Por ejemplo: si quieres mejorar y potenciar el contraataque puntúa con cuatro puntos cuando se consiga una canasta en velocidad y superioridad; si quieres potenciar el juego con el poste bajo puntúa con cuatro puntos cada canasta que se genere desde esta posición; si quieres potenciar el juego de penetraciones puntúa con cuatro puntos cada canasta que se genere tras una penetración; etc.

10. El balón utilizado durante la acción. Se pueden utilizar balones de baloncesto de diferentes tamaños, pelotas de tenis, balones de rugby, etc.

11. El material utilizado durante la acción. Se pueden utilizar canastas de diferentes alturas, conos, picas, cuerdas, bancos suecos, etc.

- La técnica debe estar presente en todas las acciones y situaciones tácticas que se trabajen.

UN PROGRAMA DE FORMACIÓN INTEGRAL

Cuando estuve en la cantera del Real Madrid, entre los años 1986 y 1991, recuerdo que había tres equipos (cadete, juvenil y junior) con sus respectivos entrenadores. Todos intentamos hacer nuestro trabajo lo mejor posible, sin duda, pero ninguno trabajamos coordinadamente formando un equipo. Cada entrenador enseñaba su baloncesto y no se seguía ningún plan colectivo.

Esto, aplicado al ejemplo de las Matemáticas, sería similar a una situación en la que el entrenador del cadete enseñara integrales para las que el jugador no estuviera preparado, el del juvenil enseñara a multiplicar y dividir cuando el alumno necesitaba algo más para progresar, y el del junior hiciera un poco de todo.

Al final, el perjudicado era el jugador, que no podía crecer y evolucionar en su juego como debería hacerlo, y el club, que no lograba sacar rendimiento a su inversión deportiva. Si esto ocurría en un club grande, podemos imaginar lo que pasaba fuera de él.

Desgraciadamente, después de tanto tiempo sigo viendo el mismo problema. No existe una idea, ni en los colegios ni en los clubs, de un trabajo en equipo, en el que todos sigan un programa común de formación.

Cuando te hablaba de mi sueño recordarás que visualizaba un programa que era una herramienta educativa, que se extendía durante todo el periodo escolar, que tenía como objetivo formar integralmente al niño, su gran protagonista, y que era respetuoso con el proceso evolutivo del niño.

Para ayudarte a ti y a todos los que empiezan, he creado un programa para que puedas entender y adaptarte al ser humano que en cada momento tienes a tu cargo.

Cuando me puse a elaborarlo entendí que debía conocer aquellos momentos claves del niño en los que se iban a producir cambios significativos en su evolución hacia persona adulta. Me puse manos a la obra y leí bastantes artículos y opiniones de investigadores, médicos, psicólogos, etc. En este momento me di cuenta de que ninguno de ellos se ponía de acuerdo a la hora de establecer cuándo empezaban y terminaban determinados momentos claves en la evolución del niño: la niñez, la pubertad, etc. Además aprendí que era imposible englobar a todos los niños dentro de un mismo estadio evolutivo ya que cada uno tiene un ritmo evolutivo propio que lo diferencia de los demás.

También comprendí la importancia de conocer la *edad biológica* a la hora de establecer un programa que se adaptara a la evolución del niño. Esta se refiere al grado de crecimiento y desarrollo alcanzado a una determinada *edad cronológica*, la edad exacta que tiene el niño. Esta es la razón por la que niños de la misma edad tienen diferente estatura, peso, proporcionalidad de sus brazos y piernas, musculatura, etc.

Aprendí que existen varios métodos para conocer esa edad biológica como estudiar la maduración dental, la sexual, la ósea y la somática, pero que todos ellos tenían sus limitaciones al aplicarlos en la etapa escolar. En unos casos por su elevado coste y en otros por la incomodidad para los niños y padres a la hora de establecer la valoración de la maduración sexual y somática.

Como te puedes imaginar me encontré con un mundo muy complejo, porque así es como es el proceso evolutivo del niño.

Después de todo lo expuesto puedes entender lo difícil que es crear un programa que se ajuste a todas las personas a las que va dirigido. En unos casos se ajustará a ellas como anillo al dedo pero en otros el anillo les quedará grande o pequeño.

A pesar de todas estas dificultades no me he desanimado. Lo que he hecho ha sido escoger aquellas cosas en las que sí están de acuerdo todos esos investigadores, médicos, psicólogos, etc. y unirlas a mis conocimientos, al proceso de construcción táctica visto y a mi forma de entender el baloncesto de los más jóvenes, para de esta manera crear un programa que se acerque lo más posible a la verdadera formación.

En él todo es evolución: se va de lo sencillo a lo complejo, de lo global a lo específico, de los juegos individuales a los colectivos, de los espacios grandes a los pequeños, de las situaciones de juego más simples (1x1 y 2x2) a las más complejas (3x3, 4x4 y 5x5), de los entrenamientos de dos días a la semana a los de cuatro, de una competición de 3x3 a una de 5x5, del tiro a canasta a muy corta distancia y en estático, al tiro de larga distancia y en carrera, de la defensa en medio campo a la defensa en todo el campo, del juego libre al juego sistematizado, del objetivo de divertirse, jugar y tener contacto social hasta el de conseguir un rendimiento deportivo, de la no especialización por puestos donde todos juegan de todo a la especialización donde cada uno juega en su posición ideal.

Este es un programa muy personal, sujeto a toda opinión o crítica, que trata de aportar algo a nuestro deporte y que ojalá estimule a otras personas a ampliarlo, mejorarlo, o cambiarlo por otro que sea más útil a los entrenadores de formación, que es lo que persigo.

Tengo muy claro que aunque este programa no es perfecto, solo el hecho de intentar hacer las cosas adaptándolas a las personas que enseñamos y alejándolas del baloncesto adulto ya mejora todo lo que se viene haciendo y nos acerca a lo que sería una formación ideal.

El programa está formado por seis etapas:

1. 6 a 8 años: 1º y 2º de primaria
2. 8 a 10 años: 3º y 4º de educación primaria
3. 10 a 12 años: 5º y 6º de educación primaria
4. 12 a 14 años: 1º y 2º de ESO
5. 14 a 16 años: 3º y 4º de ESO
6. 16 a 18 años: 1º y 2º de bachillerato

Cada una de estas etapas analizará los siguientes aspectos:

1. Características propias de la edad a nivel:
    - Cognitivo-intelectual
    - Afectivo-emocional
    - Psicomotriz
    - Relacional-social
    - Moral

2. Fases sensibles y limitaciones
3. Objetivos generales
4. Contenido técnico y táctico colectivo
5. Contenido personal

6. Método de enseñanza
7. El entrenamiento
8. La competición
9. La táctica de equipo
10. La preparación física

- Las características a nivel cognitivo-intelectual explican el proceso de desarrollo del pensamiento durante cada etapa. Es fundamental entender que el pensamiento del niño es totalmente diferente al adulto.
- Las características a nivel afectivo-emocional explican el proceso a través del cual el niño construye su propia identidad, su yo, su autoestima, su confianza en sí mismo y en el mundo que lo rodea.
- Las características a nivel psicomotriz explican la adquisición progresiva de habilidades funcionales, reflejo de la maduración de las estructuras del sistema nervioso central que las sustentan.
- Las características a nivel relacional-social explican el proceso de relaciones que establece el niño con su entorno (familiares, amigos, profesores, etc.)
- Las características a nivel moral explican el proceso de comprensión y seguimiento de las reglas del niño, que en el mundo social transitan desde una moral heterónoma a una autónoma.
- Las fases sensibles están constituidas por determinados períodos del desarrollo del niño muy favorables para el desarrollo de una determinada capacidad motriz. Dentro de estas fases, existen períodos críticos, muy breves y limitados, en donde el aprendizaje de ciertas destrezas físicas podría verse especialmente favorecido.
- Los objetivos generales indican las metas que queremos alcanzar en la etapa concreta en la que se está.

- El contenido técnico y táctico colectivo explica todo aquello que se va a enseñar en cada etapa y el orden en que se va a realizar.
- El contenido personal explica cómo se va a ayudar en cada etapa a que el niño se forme como persona y supere sus etapas conflictivas.
- El método de enseñanza explica la manera, cómo se va a enseñar en cada una de las etapas.
- El entrenamiento explica el número de sesiones que se deben hacer en cada etapa y su duración.
- La competición explica los progresos que deben hacerse en la misma para adaptarse a la evolución del niño.
- La táctica de equipo explica la existencia o no de la misma según la etapa del programa en la que nos encontremos.
- La preparación física explica la importancia y su progresión hasta el final del programa.

Puedes descargarte el programa completo que he elaborado para cada una de las etapas de la evolución del niño con ayuda de este bidi, introduciendo la siguiente contraseña: **baloncesto2018**

NOTA: Este libro incorpora material extra descargable mediante «bidi», código cuyo contenido se puede descargar a través de un lector o a través de una aplicación del mismo nombre (bidi) en su *smartphone*. Si no puede obtener este material de esta forma, puede solicitarlo a la editorial al correo kolima@editorialkolima.com y se lo enviaremos.

EPÍLOGO

A lo largo de este libro te he presentado el baloncesto en edad de formación desde una perspectiva diferente a la que vemos habitualmente hoy en día.

Es cierto que todo lo que he ido exponiendo está basado en mi conocimiento y experiencia en el mundo del baloncesto pero te puedo asegurar que es extrapolable a cualquier otra disciplina deportiva, especialmente si se trata de deportes de equipo.

El deporte extraescolar es tan importante para la educación y la formación de las personas que debería estar liderado por la propia Administración a través de sus comunidades educativas mediante un programa progresivo que tuviera en cuenta el proceso evolutivo de los niños.

He tratado de demostrar que el tiempo que un niño dedica al deporte fuera del horario escolar es mayor que el que emplea en cualquier asignatura. Por ello es incomprensible que esta actividad esté siendo convertida en muchos casos en un mero pasatiempo, un simple espacio de ocio para que los padres dispongan de más tiempo para sus asuntos y, en el mejor de los casos, en un rato para realizar algo de actividad física a la vez que proporciona un entretenimiento para evitar que los niños se dediquen a otras dinámicas o actitudes poco deseadas.

La realidad es que el sistema te deja solo con la enorme responsabilidad de ayudar a tus jóvenes a crecer como deportistas y sobretodo como personas.

Tus pequeños jugadores, tengan la edad que tengan, han de ser los grandes protagonistas de tu tarea formativa. Es cierto que al tratarse de un deporte de equipo el grupo en sí adquiere una enorme importancia, pero eso no debe hacerte olvidar que el equipo debe alimentarse del crecimiento deportivo y personal de cada uno de sus miembros.

Centrarte exclusivamente en el equipo en su conjunto y en su rendimiento deportivo para construir un grupo ganador es perder una oportunidad de usar el baloncesto como herramienta formativa y educativa.

Esto es más propio de equipos formados por jugadores adultos que se supone que ya han pasado la etapa de formación y están inmersos en la parte más competitiva del deporte.

Como he afirmado muchas veces, debes huir de todo lo que representa el deporte adulto cuyo único interés es el resultado, ganar partidos y quedar lo más arriba en la clasificación de un campeonato.

Tienes en tus manos un material muy delicado que está inmerso en un proceso evolutivo a nivel físico, intelectual, psicológico, social, moral, etc., y en el que vas influir, lo quieras o no. Es tu decisión personal hacerlo de una manera positiva que deje huella en su futuro personal y deportivo, o hacerlo de la manera opuesta.

Sé que no es fácil cambiar las cosas ya que todo el mundo las lleva haciendo de una misma manera «desde siempre» y todo aquel que enseña lo hace desde la misma perspectiva permaneciendo en un bucle del que es muy difícil salir.

Te invito a buscar juntos un camino diferente donde lo deportivo esté relacionado con lo personal, convirtiendo el deporte que amamos en un transmisor de valores. Donde la educación y el respeto sean los fundamentos sobre los que iremos construyendo otros nuevos, al igual que sucede con el bote, el pase y el tiro en el baloncesto.

Adquiere conocimientos, aprende y pon en práctica nuevas maneras de enseñar sin perder de vista el momento evolutivo de las personas que tienes bajo tu responsabilidad.

Hazlo con el convencimiento de que estás haciendo las cosas por su bien, pon la pasión en movilizar y liderar a tu equipo y sé siempre un ejemplo de comportamiento para ellos, y algún día, en el futuro, te recordarán como una persona importante e influyente en sus vidas.

Espero haberte ayudado y te deseo la mayor de las suertes en esta difícil tarea de la formación.

Si quieres más información puedes visitar mi web:
angeljareno.es

TESTIMONIOS

«Después de trabajar con Ángel durante tres temporadas no puedo pensar en nadie mejor para escribir un libro sobre baloncesto de formación. Este debería ser una referencia para todos aquellos que entrenan en categorías inferiores. En él hace hincapié en la importancia, no solo de entrenar y jugar, sino también de educar y formar, con el objetivo de desarrollar tanto al jugador como a la persona».

ZELJKO OBRADOVIC
Entrenador y ex jugador serbio de baloncesto. Tiene el récord de
títulos de la Euroliga, con nueve

«Conozco y valoro desde casi veinte años los conocimientos, la pasión por el baloncesto y la capacidad de comunicar de Ángel Jareño, fruto de una enorme experiencia acumulada a todos los niveles profesionales, desde la Euroliga a los equipos de colegio.

He leído en 'ante prima' este libro, me ha gustado mucho, y lo recomiendo a todos aquellos que profesionalmente o amatoriamente quieran saber más del maravilloso mundo de la educación y formación de los jóvenes deportistas».

SERGIO SCARIOLO
Entrenador italiano de baloncesto y actual seleccionador nacional
de baloncesto de España

«Hay muchos conceptos tratados en este libro con los que me siento totalmente identificado, para empezar con lo que expresa su título. Me parece fundamental que la formación técnica y física de los jugadores vaya ligada a su formación personal. Muchos de los temas tratados coinciden con las vivencias que tuve cuando era jugador; creo que el baloncesto ha sido fundamental en mi formación personal y estoy agradecido especialmente a los entrenadores que tuve, también a directivos y compañeros, sin olvidar a los rivales, árbitros y aficionados. Esa experiencia he tenido ocasión de repetirla desde mi posición de entrenador, con jóvenes y también con veteranos. Es posible, y recomendable, combinar el aprendizaje de las facetas técnicas y humanas con estos jugadores más formados en ambos aspectos.

También, como pretende este libro de Ángel G. Jareño, con mis consejos a muchos entrenadores, especialmente a los entrenadores de cantera.

Me gusta especialmente cuando explica cómo hacerlo basado en sus propias experiencias con un desarrollo fácil de leer. Y concretando, no con ideas superficiales que digan que se puede hacer de una forma y otra contraria.

Seremos los lectores los que elijamos lo que más nos gusta y lo hagamos nuestro.

Otros temas que a priori no nos atraigan tanto quizás sean buenos para comentar con otros y a partir de ahí quizás nos convenzamos para aplicarlos o descartarlos.

Como dice Ángel, no os equivoquéis, el baloncesto no es fundamentalmente táctica».

Aíto García Reneses

Entrenador español de baloncesto que dirige al ALBA Berlín de la Basketball Bundesliga. Es uno de los técnicos más prestigiosos del baloncesto español con, entre otros, nueve títulos de Liga ACB conseguidos con el FC Barcelona

«Había oído hablar a mucha gente de Ángel Jareño, de su trabajo con la gente joven del Real Madrid, su pasión por el baloncesto... hasta que fiché por el Real Madrid como jugador.

En ese momento, en el que Ángel era ayudante de Zeljko Obradovic, se labró una amistad que perdura en el tiempo. Han pasado ya más de veinte años de ese, digamos, encuentro de dos mundos diferentes, entrenador/jugador. Sin embargo desde ahí se labró una buena relación. Siempre me llamó la atención su labor pedagógica dentro de un mundo tan profesional como el baloncesto de alto nivel. Hablábamos mucho de la mejora individual del jugador, de cómo afrontar situaciones complicadas, de cómo la educación es un valor clave en el crecimiento de los jugadores y los equipos...

Horas y horas trabajando aspectos básicos, sencillos, pero claves. El tiro, el bote, el pase... el cómo, el cuándo, el por qué... Y cómo todo esto podía aplicarse en mejorar, siempre el jugador, para el bien del equipo.

Con el paso del tiempo nuestros caminos se separaron, hasta el punto de que más adelante acabamos enfrentándonos como entrenadores.

Pamplona muchos años después, antes de un partido que jugaban nuestros respectivos equipos. Café que casi nos hace llegar tarde al partido, solo porque estábamos en nuestro mundo...

Hoy este libro nos toca a todos... jugadores, entrenadores, padres, estudiosos... todos.

Su experiencia, plasmada en este libro, le permite hacerte reflexionar, aprender, comparar...

Vamos, lo que Ángel te haría hacer, en un café... más largo».

PABLO LASO

Ex jugador español de baloncesto y en la actualidad entrenador del
Real Madrid

KOLIMA
BOOKS